诗人那些事儿

夫 子 主编

田 娟 著

韩愈篇

山东人民出版社·济南

国家一级出版社 全国百佳图书出版单位

图书在版编目（CIP）数据

诗人那些事儿．韩愈篇／夫子主编；田娟著．——济南：山东人民出版社，2022.10
ISBN 978-7-209-13674-7

Ⅰ．①诗… Ⅱ．①夫… ②田… Ⅲ．①韩愈（768—824）—传记 Ⅳ．①K825.6

中国版本图书馆CIP数据核字(2022)第076215号

诗人那些事儿·韩愈篇

SHIREN NAXIE SHIER HANYUPIAN

夫子 主编

主管单位　山东出版传媒股份有限公司
出版发行　山东人民出版社
出 版 人　胡长青
社　　址　济南市市中区舜耕路517号
邮　　编　250003
电　　话　总编室（0531）82098914
　　　　　市场部（0531）82098027
网　　址　http://www.sd-book.com.cn
印　　装　山东华立印务有限公司
经　　销　新华书店

规　　格　32开（145mm×210mm）
印　　张　6.25
字　　数　100千字
版　　次　2022年10月第1版
印　　次　2022年10月第1次
ISBN 978-7-209-13674-7
定　　价　32.80元
　　　　　如有印装质量问题，请与出版社总编室联系调换。

"飞流直下三千尺，疑是银河落九天。"哇，这是多么瑰丽浪漫的想象！"无边落木萧萧下，不尽长江滚滚来。"啊，这是多么落寞悲凉的情绪！"东风不与周郎便，铜雀春深锁二乔。"呀，这是多么匠心独运的见解！读到如此令人惊艳的诗句，你是否想买一本诗歌集来品一品？

豪迈爽朗的李白，却经常生出淡淡的忧伤；一生凄苦的杜甫，却念念不忘国家和人民；风流潇洒的杜牧，却在军事上才华横溢……面对这些传奇般的诗人，你是否想买一套他们的传记来读一读？

可是啊，当你欣赏诗歌集的时候，虽然能读到诗歌原文、注释、翻译，甚至赏析，但是会不会经常感到与诗歌隔了一层面纱？当你品读诗人传记的时候，虽然书中将诗人的一生记述得清清楚楚，但是会不会经常感到有些疲倦、无法沉浸其中？

你会不会想，有没有这么一套书，能够让自己"一口气"读完诗人的一生，能够沉浸其中，为诗人的欢乐而欢乐，为诗人的忧愁而忧愁；同时，还能读到诗人的经典诗歌，了解这些诗歌是在怎样的背景下、在诗人怎样的心情下创作出来的，与这些诗歌"零距离"接触一番？

相信，这套《诗人那些事儿》能够合乎你的胃口。它一个分册只讲一位诗人，语言通俗又风趣，借用了一些现代流行语汇，同时运用丰富的想象绘制了超多幽默、有趣的插图。而且，中小学阶段必背的这位诗人的诗歌，都包含在其中。每个分册以诗人的生平为主线，串联诗人的经典诗歌，既是诗人的传记，又是诗歌的合集。

在这套书里，你看到的诗人，是有血有肉、有喜有忧的鲜活的人物，如同你景仰的长辈，又如同你亲近的朋友；在这套书里，你读到的诗歌，仿佛是近在你眼前、刚刚沐浴阳光或经历风雨而缓缓绽放的花朵，让你流连忘返，回味无穷。

目　录

第 一 章

困苦童年

说起韩愈，我们不得不说一个字——服！

他是唐代杰出的文学家、思想家，是唐代古文运动的倡导者，被后人尊为"唐宋八大家"之首；与柳宗元并称"韩柳"，与柳宗元、欧阳修和苏轼合称"千古文章四大家"。苏轼特别佩服他，说："（韩愈）文起八代之衰，而道济天下之溺。"意思是说韩愈写的文章特别牛，使八代以来衰败的文风得到振兴；宣扬儒道，使天下人在沉溺中得到拯救。

 小贴士

唐宋八大家

唐宋八大家，又称唐宋古文运动八大家，是韩愈、柳宗元、欧阳修、苏洵、苏轼、苏辙、王安石、曾巩八位散文家的合称。

　　韩愈，字退之，河南河阳（今河南孟州南）人。他的父亲名叫韩仲卿，贤明能干，是一位人才。虎父无犬子，韩愈的一些才能也许就是从他老爸那里遗传来的。

　　大诗人李白还给韩仲卿写过一篇《武昌宰韩君去思颂碑并序》，文中说他"**未下车，人惧之；既下车，人悦之。惠如春风，三月大化。奸吏束手，豪宗侧目**"。这是在夸韩仲卿不但有威严，德行也很好。

我老爸好有排面啊！

　　不过李白肯定没有想到，在他去世六年后，他所称赞的这位武昌令，就生了一个和自己一样有才气的文坛大佬。

　　韩愈自幼聪慧，七岁开始识文，每日可记数千言，后来更是融会贯通了"六经"和诸子百家的学问。据说他的名字还是他自己取的呢。

　　韩愈早孤，从小就跟着兄长与嫂嫂一起生活。转眼间韩愈到了要上学的年龄，嫂嫂郑氏想要帮弟弟取一个好名字。这天，郑氏正在翻着书本，一页一页地挑来拣去，可是书都翻完了，仍是没有找到满意的名字。

取个好名字也太难了。

　　七岁的韩愈站在旁边看着，见嫂嫂愁眉苦脸的样子，就问她："嫂嫂，你要给我取个什么样的名字呢？"郑氏说："你大哥叫韩会，二哥叫韩介，'会'和'介'都是人字头，表示他们都要做人群之首；'会'是聚集，'介'是耿直，这两个字的含义都很好，我也想帮你找个人字头的字，最好比他们的更好。"

　　韩愈听了，立马说道："嫂嫂，我想到了，你看'愈'字怎么样？"郑氏问道："'愈'字为什么好呢?"韩愈说:"'愈'是超越的意思。等我长大了,一定要做一番超越前人的大事,绝对不做平庸之辈!"嫂嫂听了啪啪鼓掌,说:"有志气!这个名字非常好!那以后你就叫'韩愈'了。"

我的目标是星辰大海!

而韩愈的字为什么是"退之"呢?这得在下一章寻找答案,暂时还不能透露噢。

韩愈小时候是个小可怜,这一路走来真的不容易。

韩愈三岁时,父亲就去世了。母亲也早早地离开了人世,韩愈成了一个孤儿。他连自己的爸妈长啥样都还没记住，只能跟着比自己大三十岁的大哥韩会一起生活。

　　然而，不幸的事还远远没有结束。韩愈十岁时，因为韩会受到宰相元载的牵连，被贬为韶州刺史，韩愈就跟着哥哥去了韶州。不久后，韩会因为生病而去世了。韩愈跟着嫂嫂郑氏回河南沁阳安葬兄长，但没待多久，中原开始打仗，他只能跟着嫂嫂避难到了江南宣州，可怜的韩愈一直活在困苦与颠沛中。

　　不幸的人有着千万种不幸，韩愈就是这样。这时候他的三个哥哥都不在了，剩下韩愈和韩会的儿子韩老成，由郑氏一个人抚养。真是可怜又可叹啊！

少年时期的逃难生活，让韩愈对战争的惨象产生了极大的心理阴影，也使得韩愈在后来的政治生涯中，坚定不移地反对藩镇割据、维护国家统一。

虽然避难的生活很艰苦，但韩愈可不是一般的小孩子，没有因为生活的压力而放弃梦想！他想要光宗耀祖，成为韩家的骄傲。他觉得自己是孤儿，读书要比别人更加认真。后来他在《复志赋》中回忆道：

值中原之有事兮，将就食于江之南。始专专于讲习兮，非古训为无所用其心；窥前灵之逸迹兮，超孤举而幽寻。

因为遇到中原战乱，所以流离来到了江南。也是从这个时候开始我专心研习学问，不是古代流传下来的典籍不看；于是逐渐窥探到从前那些圣贤的逸事，并暗暗探究其中的真理。

从中可以看出，韩愈的治学基础就是在这种艰难困苦的时候打下的，真的是太不容易了！

当然了，韩愈小时候也有过贪玩的时候。在韶州时，有一段时间，韩愈不想读书了，就老是偷偷溜出去，跑到山上去玩，一玩就是一整天，结果有一天被韩会骑马路过时抓个正着。韩会没有责备他，而是让弟弟上马，举起鞭子对马一抽，马就飞快地向前跑。韩会问他："你知道马为什么要跑这么快吗？"韩愈回答说："怕马鞭子打它呗。"韩会对他说："你说的没错，人就像是马，鞭子就像是惩罚，人一旦落后懈怠，就要挨打……"韩愈是一个聪慧的孩子，马上就明白了哥哥的用心良苦，脸立马就涨红了，他心想：哥哥抓到我逃学，不但没有打我屁股，还给我讲道理，我不能辜负哥哥的期望。从此，韩愈学习十分认真。

小马小马，咱一起往前冲！

过了几年，韩愈拜窦牟为师，学习读书写作。窦牟当时是进士出身，窦家在当地十分受人尊敬。在老师的指导下，韩愈的学业进步很大。韩愈觉得自己就像一根藤蔓，而窦牟则是支撑藤蔓的大树。自己这株藤蔓，需要依靠着这棵大树，才能长得更高。

经过几年的学习与钻研，韩愈的才能越来越出众，在当地的名声也渐渐显露，因此结交了不少朋友。当时，有个姓王的担任司马的官员，平时的爱好就是和朋友们一起吟诗作赋，互相切磋。因为司马这个职位比较轻松，所以王司马没事就会叫上三五个朋友一起到家里聚会。

这天，王司马家里的芍药花盛开了，他就邀请了韩愈等人来家里赏花。大家一起在花丛边喝酒，有人提议说："我们来作诗吧，不能辜负王司马的好意和这么美的花啊。"大家纷纷说好。

韩愈这时候已经醉了，轮到他作诗时，他直接举着酒杯走近花丛，大声吟了一首：

芍药歌

丈人庭中开好花，更无凡木争春华。
翠茎红蕊天力与，此恩不属黄钟家。
温馨熟美鲜香起，似笑无言习君子。
霜刀翦汝天女劳，何事低头学桃李？
娇痴婢子无灵性，竞挽春衫来比并。
欲将双颊一晞红，绿窗磨遍青铜镜。

一樽春酒甘若饴，丈人此乐无人知。
花前醉倒歌者谁？楚狂小子韩退之。

　　王司马家的庭院中开了很漂亮的芍药花，又没有普通花木和它争夺春天的光彩。翠绿的细茎、红色的花蕊是上天赐予的，这样的恩惠不是有钱人家能给的啊。温馨而又熟美的鲜香飘散出来，好似在学习君子的微笑无言。霜雪像刀修剪你，是天女的功劳使你这么美丽，怎么还要低头去学那些桃花、李花呢？天真无知的婢女不够机灵，争相卷起春衫一起来比拼。想让双颊变得红一点，在自己的居室里把青铜镜磨了一遍又一遍。一杯春日的酒就像蜜糖一样甜，王司马的这种快乐没有人知道。醉倒在花丛前的唱歌人是谁？是狂放不羁的韩退之我啊。

哇，诗中的韩愈，活脱脱一位青春狂放的少年啊！这首诗描写了美丽而不同凡俗的芍药花，韩愈借它来暗喻自己，表现自己不同于世俗的眼光与态度。少年韩愈就是这样狂：我才不要去迎合那些凡夫俗子，我可不会被钱财和权力打倒，我的快乐你们都体会不到！

咱跟他们不一样！

一般在这种场合，吟几句奉承王司马的诗才算识趣。但韩愈不但没有这么做，还说芍药长这么好，跟有钱的养花人一点儿关系都没有，是老天让它长得这么娇艳。当时的王司马应该气坏了吧，毕竟韩愈来参加聚会，吃了他的，喝了他的，却连一句好话也没有。但韩愈才不管那么多呢，他吟完这首诗，就倒在芍药花前睡了过去。

　　韩愈可真是太狂了，一点也不给主人家面子，真不愧是"楚狂小子"！

第 二 章
考 学 之 路

转眼就到了唐德宗贞元二年（786年），此时十九岁的韩愈可谓是意气风发、踌躇满志。这一年，他告别家人，向西出发，去往长安，立志要考取功名，让韩家重振光辉。

我就是明日之星。长安，我来了！

　　但他不知道的是，自己的理想就如同被荆棘环绕的鲜花一样。想要摘取鲜花，可不是一件容易的事儿。

　　去往长安的途中，他路过中条山时，想起了一个人——阳城。这个人年轻时曾在中条山隐居过，现在在朝廷当谏官。阳城向皇帝进谏时，总是不计个人得失，不慕名利，这让韩愈十分钦佩。

想到这里，韩愈就在马背上作了一首诗：

条山苍

条山苍，河水黄。

浪波沄沄去，松柏在高冈。

沄（yún）沄：水流汹涌的样子。

中条山一片苍翠，黄河水浊浪浑黄。波浪滔滔向远方流去，四季常青的松柏静静地立在中条山上。

你别看这首诗简单，它可是韩愈的一首名诗，有着很深的寓意呢！松柏的生命力顽强，四季常青，即使经历了无数的风吹雨打，也依然挺拔傲立，用来象征阳城的高洁品质最合适不过。韩愈也借此激励自己，希望自己能向阳城学习，做一株青翠的松柏。此时的韩愈显现出一副意气风发、斗志昂扬的模样。

韩愈来到长安后，本来想去投奔族兄韩弇（yǎn），可等韩愈找到他的住处时，才发现他早就因公务离开了长安。这下可麻烦了！韩愈来长安的路费都是嫂嫂四处找人借的，如今到了长安，已经没有多少了。可距离进士考试还有好几个月呢，这几个月的生活费要从哪里来呢？

韩愈此时在长安既没有亲人，也没有好朋友在身边，但他并没有因此萎靡不振，反而坚定了要留在长安的信念。他在客栈中有感而发，写了一首诗：

出　门

长安百万家，出门无所之。

岂敢尚幽独，与世实参差。

古人虽已死，书上有其辞。

开卷读且想，千载若相期。

出门各有道，我道方未夷。

且于此中息，天命不吾欺。

　　虽然整个长安有百万户人家，但我想出门却发现无处可去。怎么敢轻易推崇隐居，实在是与世人相去甚远。虽然过去的忠贤之士已离去，但史书中仍记录有他们的言论。何不打开书卷，一边阅读一边思考，即使与他们相隔千年，也如同面对面一样。每个人都有各自的道路，属于我的道路将不再平坦。那就暂且在这儿休息一下，相信老天爷不会欺骗我的。

在这偌大的长安城里，韩愈可以说是要钱没钱，要关系没关系，可他仍然坚信"**天命不吾欺**"！自己苦读多年，上天肯定不会让自己失望的。现在他的主要任务是，想办法在长安顺利度过这几个月，直到进士考试。

　　可是怎样才能赚到钱呢？自己又没有一技之长，全身上下也就肚子里那点"墨水"还能值一些钱了。不然去摆个地摊，替别人写写文章？又或是……

要不我去搬砖吧！

　　想来想去，韩愈突然想到一个人——北平王马燧（suì）。"北平王可能认识我族兄，说不定能拉拉关系，让他赞助我一把。"韩愈这么想着，就准备去北平王马燧那儿碰碰运气。

　　但韩愈没钱没权，进都进不去北平王家的大门。正当韩愈因为见不到马燧准备放弃时，在大街上忽然看到前面一队人马正浩浩荡荡过来，而队伍的中间就是马燧的马车。听说北平王宅心仁厚，韩愈觉得自己不能放过这个机会，于是他冲进人群，跪拜在马路中间，马燧的车队就这样停了下来。

小贴士

　　韩愈敢在路中间拦马车，是因为知道马燧为人较仁厚，而且马车的速度不快，来得及"刹车"。我们在生活中可不要效仿，拦车是非常危险的！

　　马燧让手下把韩愈带到面前，问他为何拦车。韩愈回答得不慌不忙，落落大方，这使得马燧对他产生了好感。之后马燧问韩愈平时读什么书，有没有写过什么诗文可以看一看。早已准备好的韩愈就等着这句话，他赶紧递上了自己的作品。

哈哈，我老早就备下了!

马燧接过韩愈的作品，看过之后，觉得他确实是一个可用之材。又想到自家两个孩子刚好缺老师，不如就让他帮自己管教一下好了，当下便向韩愈发出邀请。韩愈一听，要我当王府的家庭教师？这可是个好工作啊，不仅十分体面，还能吃穿不愁。韩愈马上就答应了。

进到府上后，韩愈没有敷衍了事，而是认真地教导马燧的两个儿子读书学习。马燧见韩愈工作认真，也一直待他不薄。平日里，北平王府来客很多。马燧平时如何待人接物，韩愈也见识了不少，他看在眼里，记在心里，还专门写了一篇《猫相乳》的文章，来宣扬马燧的仁爱与宽容。

在北平王家做家教的日子，韩愈清闲又自在。就这样过了一段时间，突然有一天，韩愈开始反思：这样的日子真的是自己想要的吗？当初来到长安时立下的志向都消失了吗？想到这里，韩愈向北平王提出了辞职。

他离开了北平王府，开始准备进士考试。

进考场之前，韩愈觉得自己才高八斗、学富五车，以自己这十几年的努力，考上进士是一定没问题的。但他没有想到，如此优秀的他居然落榜了！果然，想象是美好的，现实是残酷的啊。

然而，让韩愈难以接受的还不只这些。他又接连参加了两次科举考试，但都失败了。灰心丧气的他有些承受不住，收拾行李回家了。

第一章时我们曾说过韩愈名"愈"的来历，现在我们来说一下与他的字"退之"相关的故事吧。

清明时节，韩愈回老家河阳扫墓。路过洛阳时，去拜访了一位官员，偶然认识了卢小姐。卢小姐的父亲是河南府法曹参军，非常有名望。卢小姐天真活泼，为人率真，她一方面很欣赏韩愈的才华，但另一方面又觉得韩愈有些自傲，于是想要劝诫一下韩愈。

一天，两人饭后闲聊诗文，韩愈想到自己考试不中，不免唉声叹气。卢小姐趁机说："韩公子不要为此事担忧，考不过是很常见的事。我父亲经常夸你学识渊博，眼下考不好只是暂时的，你之后一定会有所作为。现在你考不过，是有原因的。"

困难只是暂时的，你要相信自己，你可以的！

    韩愈听后，觉得卢小姐说得很对。于是他说："卢小姐说得很有道理，俗话说'当局者迷，旁观者清'，请问小姐，我考不过的原因是什么呢？"

    卢小姐随即挥笔写道："人求言实，火求心虚，欲成大器，必先退之。"

    韩愈看着卢小姐写的几个大字，心中幡然醒悟。自古以来骄兵必败，自己正是缺少了谦虚的品质，所以一直考不好。于是，韩愈就选了这最后两个字"退之"，作为自己的字。

    这个故事的真实性是存疑的。还记得上一章中，韩愈曾在王司马家做客时写下的《芍药歌》吗？诗的最后一句写道："花前醉倒歌者谁，楚狂小子韩退之。"这说明在那时，韩愈的"退之"字号已取好了。我们就当听个乐吧。

接着说，不久后，韩愈就与卢小姐在洛阳结婚了。甜蜜的日子总是短暂的，大约一个月后，韩愈调整好心态，与家人告别，又踏上了去长安参加科举考试的路。

转眼就到了贞元七年（791年）的秋天，这时韩愈已经二十四岁了。长安热闹非凡，士子云集，文人志士都准备就绪，迎接将要到来的科举大考。韩愈第四次步入了考场。

在第二年春天的金榜（科举殿试录取的榜单）里，韩愈荣登进士及第（即应试中选）。这一次，他终于得偿所愿了。

第 三 章
考场失败

上章说到，韩愈终于在二十五岁时考中了进士，但他却没能马上做官，这是为什么呢？原来按照唐朝的规定，进士及第只是获得入朝当官的资格证，不能马上得到官位。想要当官，必须通过吏部的考试（之前的进士考试在礼部）。吏部考试又分了不同科目，如博学宏词科、贤良方正科、能言极谏科等，想干什么岗位的工作就要参加什么科目的考试。

怎么还有考试啊！

小贴士

吏部和礼部

吏部，是古代主管官员的官署；礼部，是古代掌管礼仪、祭祀、教育考试相关的官署。吏部和礼部都属于唐代三省六部制中的六部，分掌职权。

而韩愈要参加的，就是博学宏词科的考试。而在当时，受到贵人推荐的考生才更容易脱颖而出。于是，为了找到自己的"伯乐"，韩愈只好积极向别人"推销"自己，以此来获得举荐。

你一票，我一票，明天韩愈就出道。

韩愈还特地去了一趟凤翔。他自然不是去玩的，而是去见一个人——凤翔节度使刑君牙。

然而人家是堂堂节度使，可不是想见就能见到的，韩愈为此也是花了一番心思。他先是以马燧故人从弟的身份求见，引起了刑君牙的注意。接着，他又写了一篇干谒（yè）文——《与凤翔刑尚书书》。韩愈在这篇文章中表达了自己的远大志向，并委婉地说明自己想要得到帮助，希望刑君牙能够举荐一下自己。但可惜的是，作为武将出身的刑君牙文化水平有限，根本没看懂韩愈的意思，所以韩愈等了很久也没能等来刑君牙的回复。

干 谒

　　干谒，指文人为进身仕途去拜见高官显贵的行为。干谒文是古代文人为推销自己而写的一种文体。一些文人为了求得进身的机会，往往十分含蓄地写一些干谒文，曲折地表露自己的心意。唐代科举考试期间士人的干谒活动，差不多已经成为一种社会风尚。

　　心情烦闷之际，韩愈来到了陇上，看见水中菖（chāng）蒲（pú）下的鱼儿成双成对，不禁触景生情，思念起远方的妻子来，便写下了**《青青水中蒲三首》**：

其 一

青青水中蒲，下有一双鱼。

君今上陇去，我在与谁居。

清澈的水中生长着青色的菖蒲，菖蒲下有一对游鱼。
你如今就要离开前往陇州，我在这儿和谁一起住呢？

其 二

青青水中蒲，长在水中居。
寄语浮萍草，相随我不如。

清澈的水中生长着青色的菖蒲，长在水中居住。
通过浮萍草来传话，我却不如它，能够常伴左右。

其 三

青青水中蒲，叶短不出水。
妇人不下堂，行子在万里。

清澈的水中生长着青色的菖蒲，叶子短得无法伸出水面。
妇人不能走出堂屋，远行的人与我相距万里。

　　这三首诗运用了视角换位的手法，站在女子的角度，同时，运用比兴、拟人的手法，借助鱼儿来写自己的相思之情：本是一双鱼，现在只剩下一条；本是一对夫妻，却只能分隔两地。韩愈表面写妻子思念自己，实际上是在写自己对妻子的思念，真是妙不可言啊！

　　苦等无果，韩愈也不再浪费时间，马上回到长安，试着寻找其他"伯乐"。他又写了另一篇干谒文《应科目时与人书》，这篇可算是古代干谒文的经典之作了。

应科目时与人书

　　月日，愈再拜：天池之滨（bīn），大江之濆（fén），曰有怪物焉，盖非常鳞凡介之品汇匹俦也！其得水，变化风雨，上下于天不难也；其不及水，盖寻常尺寸之间耳，无高山大陵旷途绝险为之关隔也。然其穷涸不能自致乎水，为獱（bīn）獭（tǎ）之笑者，盖十八九矣。如有力者哀其穷而运转之，盖一举手一投足之劳也。

然是物也，负其异于众也，且曰："**烂死于沙泥，吾宁乐之；若俯首帖耳，摇尾而乞怜者，非我之志也。**"是以有力者遇之，熟视之若无睹也。其死其生，固不可知也。今又有有力者当其前矣，聊试仰首一鸣号焉，庸讵（jù）知有力者不哀其穷，而忘一举手一投足之劳而转之清波乎？

其哀之，命也；其不哀之，命也；知其在命而且鸣号之者，亦命也。愈今者实有类于是。是以忘其疏愚之罪，而有是说焉。阁下其亦怜察之！

某月某日，韩愈再拜：天池边上，大江旁边，据说有一种怪物存在，大概不是一般的鱼类、水兽能够比得上的！这种怪物一旦沾了水，就可以呼风唤雨，上天入地都不算难；但如果沾不到水，就是寻常所见的那种形状，不用宽阔险峻的高山土丘就能困住它。然而它在没有水的时候，无法自己造出水来，十次有八九次被猕猴之流嘲笑。如果遇上有能力的人，怜悯它的困境而把它运送到有水的地方，不过举手之劳罢了。

可是这种怪物，抱负和一般动物不同，它说："就算烂死在沙泥里，我也高兴；像狗一样低着头，耷拉着耳朵，摇着尾巴乞求主人的爱怜，这不是我的志向。"所以有能力的人遇到它，会像没看见一样。它是死是活，我们也无法知道了。如今又有一个有能力的人来到它的面前，它暂且试着抬头鸣叫了一声，哪里知道有能力的人并不怜悯它的困境，而忘了举手之劳，把它转移到清澈的水里？

别人怜悯它，是它的命；别人不怜悯它，也是它的命；知道生死有命还鸣叫着求助，也是命。如今的我确实与它类似。所以不顾自己的粗疏笨拙，而写下这些话。希望阁下您能垂怜然后理解我！

有没有人呐！帮帮我吧！

韩愈把自己比喻成怪物，说倘若有"贵人"帮助，让自己获得施展才华的机会，便可上天入地，如鱼得水；反之，就只会被困在小地方，无人问津。不过韩愈也表示，尽管自己希望得到帮助，但不会摇尾乞怜，由此可见，他还是有自己的倔强在的。

明代著名文学批评家金圣叹在称赞这篇文章时，说道："亦无头，亦无尾，竟斗然写一怪物。一气直注而下，而其文愈曲。细分之，中间却果有无数曲折，而其势愈直，此真奇笔怪墨也。"意思是说韩愈的文章没头没尾，竟突然写出一个怪物。他写文章一气呵成，但文笔曲折含蓄，言辞奇特新颖，不是一般人能写出来的。

给自己点赞！

　　虽然韩愈给很多名士都写了干谒文，但他本性孤傲清高，又耿直不屈，不愿多拍马屁，最后还是没有什么大人物愿意帮助他。贞元九年（793年），韩愈二十六岁，在吏部考试中落选；次年，韩愈再次参加吏部的博学宏词科考试，依旧失败。韩愈备受打击，打算先回河阳凭吊祖先。然而福无双至，祸不单行，这时辛苦拉扯韩愈长大的郑氏因病去世了。这个噩耗就像是压死骆驼的最后一根稻草，击溃了韩愈内心的最后一道防线，韩愈悲痛不已，不禁号啕大哭。

韩愈在河阳默默为郑氏守丧。郑氏比韩愈大二十多岁，待他如亲儿子一样，两人更像是母子，感情非常深厚。自己还未有所成就，还没有报答嫂嫂的恩情，嫂嫂就离世了，韩愈怎能不伤心和愧疚！

韩愈为嫂嫂守完丧，又重新准备吏部的考试，他决定要让逝去的嫂嫂安心，让落魄的韩氏一族振兴起来。于是贞元十一年（795年），二十八岁的韩愈第三次应试，可这一次，还是没有通过。

真的是韩愈的才华不够吗？为什么他就是考不过呢？经过这些年考场的磨砺，韩愈已经看透了世事，在当时的社会风气下，就算考生的才学再好，如果没有足够的社会关系，没有贵人推荐，就很难成功。

韩愈十分气愤，于是他在二十八岁这年春天，连续三次向当朝宰相上书。他在书信中首先引经据典，希望得到宰相的引荐或提拔，并附上自己的作品。接着晓之以理，动之以情，再次强调自己想为国家尽力的心愿。又写下了自己遭受的不公平待遇，将自己的委屈与不甘都一一倾吐了出来。

明明我很优秀，凭什么这样对我？

但韩愈人微言轻，宰相哪里会管他受到的不公平待遇啊！这三封书信都如同石沉大海，最后杳无音讯。但值得一提的是，这三封书信都写得气势恢宏，字字珠玑。

虽然这些年韩愈在考试上并不顺利，但他对于文学的把握与表达越来越得心应手了，他的散文水平不知不觉提升了好几个档次。

哼！上天给我关了一扇门，也给我打开了一扇窗。

上书无门后，这年五月，韩愈怀着失望、愤慨的心情告别了长安，离开了这个他住了将近十年的地方。

他先是经过了潼关，在路上看见有人提了一个笼子，里面有两只白鸟，很多官员为提笼人开路。由于这两只鸟的品种很高贵，是要献给皇帝的，所以路人都纷纷避开，甚至都不敢抬眼看它们。韩愈的心情更糟了，这个世道，人竟然不如鸟啊！像自己这种人才，只能遭受不公，而这两只鸟什么也不懂，却可以见到皇帝，备受宠爱！

太气人了，韩愈立马写了一篇《感二鸟赋》来讽刺这种情况，他说：**"今是鸟也，惟以羽毛之异，非有道德智谋承顾问赞教化者，乃反得蒙采擢荐进，光耀如此。"**明明这两只鸟没有任何智谋，仅仅凭借美丽的羽毛就轻易得到了自己奋斗十多年都没做成功的事。这个社会是多么不公啊！

　　韩愈经由潼关再东行，回到了老家。在家的这段时间，韩愈没有沉湎在长安失意的痛苦中，反而写了不少好文章，其中有一篇散文叫《画记》。创作背景是这样的：一天，韩愈在家中和客人赏画，他拿出一幅自己十分喜爱的画作给大家欣赏（这幅画是韩愈从别处得来的），凑巧的是，这幅画的原作者就在现场。这位原作者二十年前将心爱的画遗失了，一直在寻找这幅画，如今亲眼见到，一时五味杂陈，伤心不已。韩愈深感同情，尽管自己很是舍不得，但还是物归原主了。他后来将这件事记录了下来，写成《画记》一文。这篇散文用丰富且贴切的语言，详细描述了画中人和动物的神貌形态与动作，体现出作者高雅的趣味和广阔的胸襟。

除了《画记》，韩愈还写了不少优秀的文章。他没有因考场失意而郁郁寡欢、自甘堕落，而是笔耕不辍，在写作的道路上越走越远。

第四章

再入幕府

考场以及生活上的双重打击，让当初意气风发的韩愈渐渐看清了现实。韩愈离开长安，在家沉淀了一年左右，可能是天无绝人之路，也可能是触底反弹，生活突然给了他一个惊喜——他收到工作邀约了！

一天，韩愈突然收到了一封书信。这封信来自汴（biàn）州节度使董晋，董晋想请韩愈去做他的助手。韩愈正愁工作没着落呢，机会就送上门来了，于是便愉快地答应了，收拾好行李就去了汴州。

哎呀，人在家中坐，活儿从天上来啊！

就这样，韩愈进了董晋的幕府（指远离朝廷，有军事力量的地方行政单位），负责文字方面的工作。他摩拳擦掌，准备大干一场。

虽然韩愈是文职，但加入了幕府，也算是从军了。

不久，他在汴州遇到了好友孟郊。孟郊，这个名字是不是听起来就感觉很熟？没错，每当我们描写母爱时，那一首自动浮现在我们脑海的诗——《游子吟》（"慈母手中线，游子身上衣。临行密密缝，意恐迟迟归。谁言寸草心，报得三春晖"），就是他写的。异地相遇，两人都非常开心。孟郊看到好朋友韩愈从了军，还专门给他写了一首诗《送韩愈从军》，给予他极大的肯定。

之后，韩愈还通过孟郊认识了一个人——张籍。巧的是，当时韩愈的另一个好朋友李翱也来到了汴州。于是，种种机缘巧合下，"韩孟诗派"的一些主要成员，就这么偶然地在汴州会合了。

韩孟诗派

　　"韩孟诗派"是中唐的一个著名诗歌创作流派，以韩愈、孟郊为核心，主张"不平则鸣""笔补造化"，崇尚雄奇怪异之美，大胆创新，将散文化的章法、句法融入诗中，尽力消融诗与文的界限，以文、议论入诗，对宋代诗歌的创作影响巨大。

　　在孟郊的推荐下，张籍拜入了韩愈门下。不过，虽然韩愈是张籍的老师，但实际上张籍比韩愈还要大两岁。两个人不仅是师生关系，也是很好的朋友。

韩愈和同事的关系也很好，他交到了不少新朋友。在新朋旧友的陪伴下，韩愈没事就和大家一起喝酒吟诗，因此这段日子成了韩愈在汴州的美好回忆。

但快乐之余，韩愈也是有烦恼的。虽然董晋把他召进了幕府，但他却一直没有正式被朝廷任命。其间董晋也帮他向朝廷申请过职位，但不知道为什么，任命状一直没有下来。所以别看韩愈进幕府这么久，实际上他每日都没有什么正事可做。尽管上班可以正大光明摸鱼，而且还包吃住的工作是令不少人羡慕的美差，但韩愈这个一心想在事业上有所作为的有志青年，怎么会甘心当一条咸鱼呢？他总觉得自己在这里不务正业的，根本没有机会展露才能。

韩愈心里一直为这事儿发愁，想想自己现在都三十岁了，却一直得不到重用，真的是怀才不遇啊。他每天就这样发愁，身体哪扛得住？于是这年七月，韩愈就因病退休了。好在别样的经历倒是给了他很多写作灵感，在退休的这段日子里，韩愈大手一挥，写出一篇著名的**《复志赋》**来。

　　《复志赋》这篇文章先是讲述了他从年幼一直到现在三十岁的生活，然后抒发了自己在董晋这里也没有得到重用的感慨。文中既有他的牢骚，也有他对未来的期待。这篇文章可以说是韩愈作品中的经典之一了。

"哀白日之不与吾谋兮，至今十年其犹初！"他感叹时间过得太快，十年的光阴就这么一闪而过。"固余异于牛马兮，宁止乎饮水而求刍？伏门下而默默兮，竟岁年以康娱。"表明了他不愿意安于现状，想要干出一番大事业。

"昔余之约吾心兮，谁无施而有获？嫉贪佞（nìng）之潟（wū）浊兮，曰吾其既劳而后食。"意思是他不想吃闲饭，世界上没有不劳而获的好事。"往者不可复兮，冀来今之可望。"过去的事就让它过去，他觉得未来还会有更多的机会，虽然之前很不顺利，他还是对未来充满着期待。

往事随风，未来可期！

一直到韩愈三十一岁时，他才正式得到"汴宋亳颍等州观察推官"的任命，主要工作是主持汴州地区的贡士选拔考试。韩愈这下终于也是有正经事做的人了。

　　然而，就在韩愈得到正式任命的第二年春天，董晋去世了。韩愈一直以来，都十分感激董晋对自己的知遇之恩，所以就和董晋的家人一起，护送董晋的灵柩到洛阳入土。结果他们刚离开不久，汴州就发生了兵变，整个汴州城惨不忍睹。

　　听到这个消息，韩愈一路上都在担心妻子和孩子。到了洛阳后，听说他们已经逃去了徐州，于是立刻赶去徐州与家人重聚。

　　自此，韩愈第一次的幕府工作就结束了。好在，徐州的节度使张建封和他早就相识，所以韩愈刚到徐州，张建封不仅亲自去迎接他，还把他和家人的住所都安排好了，之后还向朝廷申请让他做自己的节度使推官。

　　就这样，韩愈便开始在张建封的幕府中工作。

撸起袖子加油干，我又可以展望我的宏图大业了。

　　可是很快，韩愈就高兴不起来了。刚上任不久，他就发现这衙门里很多规章制度都不合理，尤其是这条：从九月份开始直到第二年的二月结束，所有当值的官员必须天未亮就到岗，天黑了才能下班；除生病和其他特殊情况外，上班期间一律不允许随意外出。

　　韩愈觉得这样的条令也太不合理了，这哪是上班，这分明是绑架啊！别人他不知道，反正他自己是不可能做到的，于是他直接跟张建封摊牌了。

韩愈给张建封写了一封信，名叫《上张仆射书》，信中说了自己对这一条规定的看法，条理清晰地从各个方面论证了这条规定不合理的地方。信中说得那叫一个头头是道，让人无法反驳。张建封也不是不讲理的人，看到这封信后，非但不生气，反而更加欣赏韩愈，于是就对他破了例，不用严格遵守规定。

尽管张建封对韩愈特殊照顾，但因为韩愈生性耿直，两人在后面的相处中总是免不了出现各种各样的问题，日子过得不怎么痛快，经常起摩擦。刚好韩愈的一些好友这时来信催促他去京城发展。于是，贞元十六年（800年），三十三岁的韩愈果断辞了职，把家人安置在老家，自己去了洛阳。

新的征程即将开启！

　　韩愈在洛阳闲居了几个月，他的名篇《杂说四·马说》，差不多是在这个时期写完的。

杂说四·马说

　　世有伯乐，然后有千里马。千里马常有，而伯乐不常有。故虽有名马，祇（zhǐ）辱于奴隶人之手，骈（pián）死于槽枥（lì）之间，不以千里称也。

　　马之千里者，一食或尽粟一石。食（sì）马者不知其能千里而食也。是马也，虽有千里之能，食不饱，力不足，才美不外见（xiàn），且欲与常马等不可得，安求其能千里也？

策之不以其道，食之不能尽其材，鸣之而不能通其意，执策而临之，曰："天下无马！"呜呼！其真无马邪？其真不知马也！

世上先有了擅长相马的伯乐，之后才有千里马。千里马经常有，但伯乐却并不常有。所以虽然有千里马，也只能在奴仆的手中受屈辱，和普通马一同死在马槽里，不以千里马而著称。

一匹能够日行千里的马，一顿有时要吃一石。喂马的人不知道它能行千里而按照普通马的食量去喂它。这样的马虽然有日行千里的能力，却吃不饱，力气不够，才能和优点也就无法表现出来，想和普通马一样尚且都办不到，怎么能要求它能日行千里呢？

用马鞭驱赶它，却不按照驱使千里马的正确方法；喂养它，却不能让它充分竭尽才能；听它鸣叫，却不能通晓它的意思；拿着马鞭面对它，说："天底下没有千里马！"唉！真的是没有千里马吗？恐怕是他们不识得千里马吧！

我本千里马，奈何无伯乐啊！

韩愈写《杂说四·马说》时，三次吏部考试都没成功，三次上书宰相也无果，好不容易做了董晋和张建封的幕僚吧，却都没做出什么实质性的成果，想干一番事业却没有机会。这些都让他郁郁不得志：自己这种优秀的"千里马"，怎么就没有"伯乐"赏识呢？

马兄，我和你同病相怜啊！

　　三十三岁到三十四岁这期间，韩愈都处于失业状态，他不是在洛阳闲居就是在京师参加调选，但残忍的是，几次调选都失败了。这让他对朝廷的选官制度更加失望，他觉得朝廷太多势利眼了，与其当官，还不如归隐山林。到底有多失望呢？我们可以从他这段时间写下的《**将归赠孟东野房蜀客**》一诗中窥探一二：

君门不可入，势利互相推。
借问读书客，胡为在京师？
举头未能对，闭眼聊自思。
倏忽十六年，终朝苦寒饥。
宦途竟寥落，鬓发坐差池。
颍水清且寂，箕山坦而夷。
如今便当去，咄咄无自疑。

无法进入官门，只是因为那些有权有势的人互相推荐。我想请问那些因为读书而旅居异乡的人，为什么还在京师？无法回答出这个问题，只能闭着眼睛暂且自己思考。转眼间十六年过去了，整日饥寒交困。仕途很是不顺，鬓发无故变得参差不齐。颍河的水一定非常清澈，箕山的路肯定非常平坦。现如今也应该离开了，自己可不要迟疑才好啊。

 小贴士

韩愈为何称孟郊为孟东野？

东野，是孟郊的字。孟郊是韩愈的朋友，对朋友称字而不称名，一来表示尊重，二来显得亲切。

自己在京城迟迟无所作为，那还真不如去隐居呢，这样或许还能开心一点。从这首诗可以看出，韩愈是真的对朝廷失望了，都想直接归隐了！"君门不可入，势利互相推。"这是对当时朝廷任人制度不公平的揭露，暗含了韩愈满满的心酸和悲苦。

气得我想
归隐了！

　　当然，韩愈并没有真的去归隐，不过他在洛阳闲居时，通过写归隐的诗文过了一把瘾，其中最有名的一篇就是《**送李愿归盘谷序**》。李愿，是个真正的隐者，住在太行山南侧的盘谷。李愿平常就喜欢四处游玩，刚好来到了洛阳。韩愈初次见到李愿，就被他那飘逸洒脱、风度翩翩的气质给迷住了。

没过多久，李愿就打算回盘谷了。韩愈对他依依不舍，提笔写下了一篇流传千载的好文章——《送李愿归盘谷序》。

文中写道："**穷居而野处，升高而望远，坐茂树以终日，濯（zhuó）清泉以自洁。采于山，美可茹（rú）；钓于水，鲜可食；起居无时，惟适之安。**"意思是在荒僻的山野之地居住，登上高山，望向远方，整天坐在茂盛的树林间，用清泉洗涤自己。在山上采的野果，味道甜美，可以食用；在水中钓到的鱼，特别新鲜；作息没有定时，只求安于舒适的环境。

这段文字表现出了韩愈对李愿在盘谷的美好生活的赞美和向往。不过，韩愈总是不甘于现状，他想要出人头地，做出一番事业。归隐，对他来说只是一个不太可能实现的梦。

第五章

仕途不畅

在洛阳闲居的日子里，韩愈经常和朋友们一起游山玩水。

一次，他跟李景兴、侯喜、尉迟汾等人去了洛阳北面的惠林寺游玩，还写了一首名诗：

山 石

山石荦确行径微，黄昏到寺蝙蝠飞。

升堂坐阶新雨足，芭蕉叶大支子肥。

僧言古壁佛画好，以火来照所见稀。

铺床拂席置羹饭，疏粝亦足饱我饥。

夜深静卧百虫绝，清月出岭光入扉。

天明独去无道路，出入高下穷烟霏。

山红涧碧纷烂漫，时见松枥皆十围。

当流赤足踏涧石，水声激激风吹衣。

人生如此自可乐，岂必局束为人靰。

嗟哉吾党二三子，安得至老不更归。

荦（luò）确：山石险峻不平的样子。疏粝（lì）：粗糙的米饭。靰（jī）：马的缰绳。这里作动词用，即牵制、控制的意思。

山石险峻不平，山路狭窄难行，黄昏时分到达寺庙，此时蝙蝠在空中飞来飞去。进入寺中厅堂后坐在台阶上，刚下了一场雨，雨水格外充足，吸饱了雨水的芭蕉叶看起来愈发硕大了，栀子花也显得特别肥壮。僧人说古壁上画的佛画很好，他还拿来灯火照看，画像依稀可见。为我铺好床，拭去床席上的灰尘，准备好了菜蔬米饭，这样简单的饭食也足以给我充饥。夜深时静静卧在床上，此时一切虫鸣都没有了，清月从山岭那边升上来，月光穿过门户，照入室内。

天亮后我独自离去，却因为晨雾迷茫，无法辨清道路，在高高低低的山径中进进出出，走遍了云遮雾绕的山径。山花红艳，涧水清碧，光芒四射，时常见到树干粗大得至少十围的松枥。遇到流水就光脚踩着里面的石头蹚过去，水声激激，风吹动我的衣裳。人生在世能够像这样在山中赏心乐事，自得其乐，何必约束自己，受尽牵制呢？哎呀，和我志趣相合的那几个朋友，怎么能到老都不再回去呢？

　　哈哈，刚看到这首诗的标题时，你是不是以为韩愈是在写山上的石头呀？这首诗虽然叫《山石》，但并不是咏山石，而是一篇诗体的山水游记。韩愈并没有给它取专门的标题，所以就用诗的前两个字作为标题了。

　　韩愈按时间顺序，记叙了游山寺之所见、所闻和所思。记叙时由黄昏到深夜再至天明，层次分明，环环相扣，前后照应，耐人寻味。最后的"人生"四句，写对山中自然美和人情美的向往，可以看出韩愈痛恨官场不公、追求人身自由的心境。

这首诗极受后人重视，影响深远。这首诗之前，记游诗大多是截取某一侧面，选取某一重点来写。而这首诗借用游记散文的特点，详细记叙游踪，却又诗意盎然，辞奇意幽，浓淡相间，自然流畅，令人赞赏不已。

除了和朋友们游山玩水外，韩愈诲人不倦的精神也是出了名的。很多青年学子都喜欢写信向他请教学习，他也非常乐于帮助这些学生，只要有来信，就一定会给他们回信。

当时有一个叫李翊（yì）的学生给他写信请教怎么写文章，韩愈很快就写了一篇《答李翊书》来回复他。在《答李翊书》中，韩愈用自己的亲身经历，教李翊如何学习：

始者非三代两汉之书不敢观，非圣人之志不敢存，处若忘，行若遗，俨（yǎn）乎其若思，茫乎其若迷。当其取于心而注于手也，惟陈言之务去……

学习写文章，首先要有好的范本，所以韩愈"非三代两汉之书不敢观"，也就是说他除了"三代两汉"的著作（指《尚书》《左传》《史记》《汉书》之类的经典著作），其他的都不看。这些文章虽然很难，但都是贤哲所作，要用心去学，学好了能写好文章，也能懂得怎样做人。同时，韩愈指出写文章要把那些陈旧的言辞去掉，不能因循守旧。"惟陈言之务去"是韩愈提出的关于写文章的重要主张。

……然后识古书之正伪，与虽正而不至焉者，昭昭然白黑分矣，而务去之，乃徐有得也。

书中说的话就全对吗？当然不是。韩愈说不能全然听信书中说的话，要能够识别真与假，去伪存真，取其精华，去其糟粕。这才能学到真本事。

除此之外，韩愈在这封回信中还提出了很多中肯的写作主张，如写文章要善于保养胸中的浩然之气，提升个人的道德修养，这些都对当时的年轻学子帮助很大。

值得一提的是，《答李翊书》也是韩愈发起**古文运动**的代表作。

 小贴士

古文运动

古文运动是唐宋时期的文学革新运动，其主要内容是复兴儒学，其形式是反对讲究声律、辞藻和排偶的骈文，提倡风格自由、反映现实的古文。唐代的韩愈、柳宗元，宋代的欧阳修、苏洵、苏轼、苏辙、王安石、曾巩等人是其中的代表人物，他们被称为"唐宋八大家"。

大家要记住，我就是古文运动的倡导者！

贞元十八年（802年），韩愈三十五岁。这年春天，他突然收到进京的诏书，让他担任国子监四门博士，官阶七品。

国子监是当时负责教育管理的最高机关，同时也是最高学府。而博士在古代，并不是指一个学位，而是一个负责讲学的官职。也就是说，韩愈当时的职称相当于如今北京大学或清华大学的著名教授。这可是从天而降的惊喜啊！只能说人的运气来了，真是挡也挡不住啊！

韩愈任职四门博士期间，积极推荐文学青年，敢为人师，广收门徒。但当时的考场黑暗，官场腐败，上层社会看不起教书的人，在士大夫阶层中存在着既不愿求师，又"羞于为师"的坏风气。这给韩愈的工作带来了很大的困难。当时有个叫李蟠（pán）的年轻人，来跟韩愈学习古文，韩愈觉得他是个好苗子，但担心他受外界影响，就写了《师说》这篇文章送给他，并借此表达自己对向人学习方面的看法。

师说（节选）

古之学者必有师。**师者，所以传道受业解惑也**。人非生而知之者，孰能无惑？惑而不从师，其为惑也，终不解矣。生乎吾前，其闻道也固先乎吾，吾从而师之；生乎吾后，其闻道也亦先乎吾，吾从而师之。吾师道也，夫庸知其年之先后生于吾乎？**是故无贵无贱，无长无少，道之所存，师之所存也。**……

古代求学之人必定有老师。老师，是用来传授道理、教授学业、解答疑问的人。人不是生来就懂得道理的，谁又能没有疑问呢？有疑问却不跟从老师学习，那些疑问就会一直存在，始终无法解开。在我之前出生的人，他懂得道理本来比我早，我就跟从他学习；在我之后出生的人，他懂得道理也比我早，我也会跟从他学习。我学习道理，哪里去考虑他的年龄比我大还是小呢？所以求学没有贵贱、长幼之分，哪里有道，哪里就有我的老师。……

两位师父好！

看看韩愈想得多透彻，不管高低贵贱、年纪大小，只要能够让他学到东西的人，就都是他的老师。再看看接下来他举的例子：

巫医乐师百工之人，不耻相师。士大夫之族，曰师曰弟子云者，则群聚而笑之。问之，则曰："彼与彼年相若也，道相似也，位卑则足羞，官盛则近谀。"呜呼！师道之不复，可知矣。……

巫医、乐师以及有着各种手艺的人，不以拜别人为师为耻。士大夫这类人，听到别人说起老师、弟子，就聚集在一块儿嘲笑别人。问他们为什么嘲笑，就说："他和他年岁相近，知道的道理也差不多。把地位低的人当作老师就感到羞耻，把职位高的人当作老师就觉得是近乎谄媚。"哎！古代跟从老师学习的风尚无法恢复，从这些话里就可以明白了！……

要不说这些士大夫想得多呢，本该是心无旁骛地学习，硬是被他们贴上了"羞耻""谄媚"的标签。而他们所推崇的孔子，其实也曾向许多人学习过：

圣人无常师。孔子师郯子、苌弘、师襄、老聃。郯子之徒，其贤不及孔子。孔子曰：三人行，则必有我师。**是故弟子不必不如师，师不必贤于弟子，闻道有先后，术业有专攻，如是而已。**

圣人没有固定的老师。孔子曾经向郯（tán）子、苌（cháng）弘、师襄、老聃（dān）学习。郯子这类人，他们的才能比不上孔子。孔子说："多个人同行，其中必定有我的老师。"所以学生不一定比不上老师，老师不一定就比学生有才，懂得道理的时间有早有晚，在业务上各有自己的专长，如此罢了。

人家孔子都说每个人都有值得学习的地方，我们既然要学习圣人的思想，那怎么能不先学习圣人好学的品质呢？

柳宗元在《答韦中立论师道书》中说："由魏晋以下，人益不事师。今之世，不闻有师；有，辄哗笑之，以为狂人。独韩愈奋不顾流俗，犯笑侮，收召后学，作《师说》，因抗颜而为师。"由此可知韩愈作《师说》一文是多么难能可贵啊！

　　韩愈写《师说》这篇文章，批判了门阀制度影响下产生的"耻学于师"的坏风气。他运用流利畅达的文笔，通过反复论辩，申明了为师的性质与作用，论述了从师的重要意义，表明任何人都可以做自己的老师，不应因地位贵贱或年龄差别，就不肯虚心学习。

学习不分高低贵贱！

 **小贴士**

就任四门博士这段日子，韩愈有时会感到庆幸，有时又感到不安。庆幸的是，自己终于在长安有了一份稳定的工作。不安的是，这份工作其实并不是他真正想要的。他一直想要为国家、为百姓做更多的实事，贡献自己的才华和能力，但他目前的官职，并没有这样的机会和空间让他发挥。

一天晚上，韩愈横竖睡不着，于是独自来到厅堂中，思考良久后，写下了一首诗：

夜　歌

静夜有清光，闲堂仍独息。

念身幸无恨，志气方自得。

乐哉何所忧，所忧非我力。

安静的夜晚，月光澄澈如水，在空堂中独坐的我能听到自己的呼吸声。现在反省自身，所幸我没有半点怨恨和不平，让自己的志向和抱负得到施展，我颇感满意。快乐的生活没有什么好忧愁的，一切忧愁的情绪都不应该是我的。

他说幸好自己没有什么怨恨和不满，志向和抱负也努力去实现了，快乐的生活哪里有什么好忧愁的。他虽然这么说，但其实表达的情感是相反的。这首诗流露出他的孤单和寂寞，表达了他想要忧国忧民但又没机会的壮志难酬之情。

你怎么能直接说出来，难道我就不能自我安慰一下？

第二年，韩愈收到一个令他极其悲痛的消息——侄子韩老成不幸病逝了！

韩愈虽然和韩老成是叔侄辈分，但他们年龄相仿，从小患难与共，关系比亲兄弟还好。嫂嫂去世了，现如今韩老成也走了，韩愈如何能不悲伤啊！

韩愈一想到韩老成的死讯，就忍不住泪流满面，哭韩老成，也哭自己。在极度悲痛之下，他提笔写下了悼文中的名篇——《祭十二郎文》。

"一在天之涯，一在地之角，生而影不与吾形相依，死而魂不与吾梦相接。"韩愈哪里能想到韩老成年纪轻轻就离开了人世，如今天人永隔，再也见不到彼此了。亲人的去世，让韩愈久久无法释怀。

老成，我舍不得你啊！

　　这年冬天，韩愈因四门博士两年任期已满，被迁为监察御史。这个时候，他的好朋友孟郊被朝廷调去了外地，而且官职还很低，这让孟郊很是郁闷。作为孟郊的知心朋友，韩愈马上就给他写了一封劝慰书——《**送孟东野序**》，这封书信也成了经典之作。

"大凡物不得其平则鸣：草木之无声，风挠之鸣；水之无声，风荡之鸣。……人之于言也亦然。有不得已者而后言，其歌也有思，其哭也有怀。凡出乎口而为声者，其皆有弗平者乎！"

意思是说：一般事物无法处于平静时就会发出声音：青草和树木都是没有声音的，是风摇动它们才发出声音；水也是没有声音的，风吹过，振荡它才发出声音。韩愈说人也是这样，心中有不平，就会由口发出声来，所谓"不平则鸣"，写诗文就是其中一种方式。

接着，韩愈就夸赞起好友孟郊的诗文作品，说他文采斐然，写得实在是太棒了。夸完之后，韩愈就安慰孟郊说去偏远的外地做官也没关系，不必唉声叹气的，有什么委屈和不平就通过诗文响亮地"鸣"出来，"鸣"一个发泄和舒坦。

这封信后来激励了不少失意的文人，成语"不平则鸣"就是出自这里。

　　韩愈安慰完好友，就开始认真工作了。虽然监察御史的官阶没有四门博士高，但韩愈对这份工作很满意。因为监察御史有监督百官、直接参与政事的权力，这才是韩愈一直追求的。

工作期间，韩愈与两位同事结成了好友，他们就是大名鼎鼎的柳宗元和刘禹锡。三位大文豪经常在下班之后一起饮酒赋诗，无话不谈，堪称"大唐铁三角"。

我们就是——大唐铁三角！

值得一提的是，柳宗元是韩愈倡导"古文运动"的忠实支持者，他创作了《黔之驴》《种树郭橐（tuó）驼传》等言之有物的好文章，令韩愈赞赏不已。

这年冬天，关中一带大旱，庄稼都枯萎了，百姓处在水深火热之中。但上层官员李实等人不但不作为，还将灾情压下不上报。韩愈见到这种情况，怎么能忍呢？

他亲自考察后，立刻回京将所见所闻写成奏文《御史台上论天旱人饥状》上报给了朝廷。

这个李实是皇帝的亲信，皇帝十分相信李实，因此韩愈的奏文不但没起作用，还让皇帝大怒。不久，韩愈就接到了被贬为阳山县令的诏书。阳山（今在广东省西北部）在当时是个十分偏远的地区，山高水急，毒虫满天飞，与京城完全比不了。一起被贬的还有和韩愈联名上奏的张署，他被贬到了临武（今在湖南省南部），两个人可以同行一段路。

韩愈这官才当没多久，就被贬了，他很是不甘，可是没办法，他只能踏上去往阳山的路。更让韩愈伤心的是，他猜测自己可能遭到了好友的背叛。自己这次被贬，就是李实在从中作梗，而他的挚友柳宗元和刘禹锡正是李实那一派系的人。如果没有背叛，他们又怎么会袖手旁观？

　　由于古代交通不便，阳山离京城又遥远，韩愈此次去阳山要花费很长的时间。于是他和张署一同南下，准备把这次被贬之旅当成一次旅行，好好享受路上的风景。韩愈一路来到汨（mì）罗江，想起了屈原忠诚劝谏却被逐投江，结合自己这次被贬，他对屈原有了更深刻的理解，顿时感慨万千，写下了《湘中》一诗：

　　　　猿愁鱼踊水翻波，

　　　　自古流传是汨罗。

　　　　蘋藻满盘无处奠，

　　　　空闻渔父叩舷歌。

猿猴哀啼，鱼儿踊跃，水波也随之泛起波浪，这里自古流传着屈原投汨罗江的故事。江面到处漂着绿蕨和水藻，祭奠的地方却已找不到了，只听到江上的渔父敲着船舷、唱着歌。

屈原前辈啊，韩愈给您问个好。

　　后来又看到贞女峡的壮景，他就忍不住写了一首《**贞女峡**》：

> 江盘峡束春湍豪，风雷战斗鱼龙逃。
> **悬流轰轰射水府，一泻百里翻云涛。**
> 漂船摆石万瓦裂，咫尺性命轻鸿毛。

　　江水弯曲，高高的山峡隔着急流对峙，气势豪壮，江水翻腾，声震峡谷，好像风雷在搏击一般，鱼、龙都被吓跑了。峡谷陡峭，江水从上至下，发出轰轰的响声，冲入深水之中，一泻百里，浪涛滚滚如云。急流摇动船只，移动大石，动静好似万瓦齐裂，咫尺之间就会丧生，性命轻如鸿毛。

韩愈继续南行，贞元二十年（804年）春天，他终于到了阳山。

到阳山之后，韩愈努力地适应着那里的生活，工作渐渐步入正轨。闲暇之余，他就与被贬到临武的张署写信，毕竟两人同是天涯沦落人，自是惺惺相惜。有一次，韩愈看着阳山的春景，心中感慨万千，写下了一首《**答张十一功曹**》：

山净江空水见沙，哀猿啼处两三家。
筼筜竞长纤纤笋，踯躅闲开艳艳花。

未报恩波知死所，莫令炎瘴送生涯。

吟君诗罢看双鬓，斗觉霜毛一半加。

筼筜（yún dāng）：一种生长在水边的大竹子。踯躅（zhí zhú）：杜鹃花的别名，又称"映山红"。

青山明净，春江空旷，清澈的江水中可以看见江底的沙粒，间或有几声哀伤的猿啼响起。粗大的筼筜和细长的嫩笋争相生长，杜鹃花清闲地开放出鲜艳的花朵。还没有报答帝王的恩泽，也不知道临死的地方，可不要在南方湿热致病的瘴气中度过余生。读完张署的来诗后看到自己的双鬓，顿时觉得鬓边的头发又白了一半。

这首诗前面写景，后面抒情，融情于景。韩愈身处荒远僻静的阳山，他看着身边幽静的景色，觉得万分孤独和凄凉。他虽然远离了朝廷，心却一刻也没能摆脱朝廷的束缚，常常被"未报恩波"所烦扰。他为无辜被贬而感到悲愤，又担心自己从此消沉下去。他害怕自己被贬后再也不能回去，又憧憬着能在未来建功立业。诗句中透露出他复杂的情感。

第六章
重回京师

时间又过去一年，到了贞元二十一年（805年），此时韩愈被贬到阳山一年多了。这年，下旨贬他的德宗皇帝驾崩了，太子李诵即位，即唐顺宗，改元永贞。顺宗大赦天下，韩愈和张署也被赦免了。

韩愈接到赦书，很是兴奋，自己终于可以回长安了。尽管他只在阳山做了一年多的县令，离开时，百姓们都出来送他。由此可见，韩愈虽对自己的贬官处境不满，但正事还是有好好干，他还是很得民心的。

韩愈满怀着欣喜和兴奋，坐船离开了阳山。路过龙宫滩时，他看着眼前一泻千里、水猛涛扬的壮阔画面，

不禁触景生情，思念起了家乡。于是他就写了一首名为《宿龙宫滩》的诗：

浩浩复汤汤，滩声抑更扬。

奔流疑激电，惊浪似浮霜。

梦觉灯生晕，宵残雨送凉。

如何连晓语，只是说家乡？

　　水流湍急，浩浩荡荡，滩头的水声时抑时扬。奔流快得令人怀疑是闪电划过，大浪就像是浮霜一般。大梦初醒，只觉得油灯外笼罩着晕圈。天还没亮，微雨送来阵阵凉意。怎么我们从夜里说到天亮，说的都是家乡琐事呢？

韩愈很期待自己能重新调回长安，可是他运气不太好，由于此时的朝廷很动荡，他的新职位迟迟没有批下来，他只能暂时待在郴（chēn）州待命。

韩愈在郴州等啊等，等了好几个月都没有音信，他这时候没有官职，又不能无诏回京，就只好自己找事干。恰好张署也来了郴州，在这期间，他和张署写了很多诗。

我不能啥都不干，我要去写诗！

诗来源于生活，韩愈和张署看到郴州的百姓在种田打鱼，就常常过去帮忙，体验不一样的农家生活。韩愈

的诗《叉鱼招张功曹》中就记载了他和渔民一起打鱼的
情形。

这年八月，唐顺宗退位，他的儿子李纯即位，称唐
宪宗，又大赦天下。这次，韩愈和张署接到了诏书，但
两个人并没能如愿调回长安，反而又被调去了另一个偏
远之地——江陵，韩愈是法曹参军，张署是功曹参军。

八月十五日的晚上，韩愈和张署一起在月下喝酒。
这两人一同被贬，现在又一块儿赴任，相互间不觉生出
许多感慨，聊了很多。

聊着聊着，张署就唱了起来，唱的都是自己的辛酸和不幸，搞得韩愈也心中苦涩起来。他想了想，也唱起歌来，安慰张署。两个人喝着酒、唱着歌，慢慢地就趴在石桌上睡着了。

第二天起来，太阳都晒屁股了。想到昨天的对歌，两人都笑了。韩愈把这次对歌记录了下来，写了一首诗：

八月十五夜赠张功曹

纤云四卷天无河，清风吹空月舒波。

沙平水息声影绝，一杯相属君当歌。

君歌声酸辞且苦，不能听终泪如雨。

洞庭连天九疑高，蛟龙出没猩鼯号。

十生九死到官所，幽居默默如藏逃。

下床畏蛇食畏药，海气湿蛰熏腥臊。

昨者州前捶大鼓，嗣皇继圣登夔皋。

赦书一日行万里，罪从大辟皆除死。

迁者追回流者还，涤瑕荡垢清朝班。

州家申名使家抑，坎轲只得移荆蛮。

判司卑官不堪说，未免捶楚尘埃间。

同时辈流多上道，天路幽险难追攀。

君歌且休听我歌，我歌今与君殊科。

一年明月今宵多，人生由命非由他。

有酒不饮奈明何。

　　纤云四处飘散，天上看不见银河，清风在天空中吹拂，月光倒映在舒缓的水波中。沙滩平稳，水声平息，声影都消失了，斟一杯美酒，请你唱支歌。你的歌声十分酸楚，歌词也很悲苦，我还没有听完，泪就像雨一样落下来。洞庭湖的水连着天，九疑山很是高峻，湖中有蛟龙出没，有猩猩鼯（wú）鼠在哀号。经历九死一生到达这个被贬官的地方，幽居远地好像是潜逃一般。下床怕蛇，吃饭又怕有药，湿气与毒气混杂，到处都是腥臊的味道。昨天州衙前忽然有人捶大鼓，是新皇继位，要任用贤臣夔（kuí）和皋陶（gāo yáo）。大赦文书一天行万里，被判死刑的免除死刑。被贬谪的召回，被流放的回家，荡清污垢，清理朝中奸佞。刺史被提名，观察使被扣压，命运坎坷只能够迁调荆蛮之地。判司原本是小官，不值得一提，只是避免跪地挨打如同尘埃。一起被贬谪的大部分已经回京，而我进身朝廷的路比登天还难。你暂且停下听我唱，我的歌和你的绝不相同。一年的明月今夜的月色最好，人生由命而不是由着其他。有酒不饮怎对得起天上的明月？

第二天，两人继续赶路。令韩愈意想不到的是，他竟然在途中遇到了曾经的好朋友刘禹锡，两人尴尬地对视，都不知道该说什么。

韩愈想要走，但刘禹锡拦住了他。经过一番解释，韩愈才知道刘禹锡和柳宗元现在也被贬了，当初自己被贬与刘禹锡和柳宗元一点儿关系也没有，是他俩的上司故意从中作梗。原来如此！韩愈豁然开朗，之前自认为被好友背叛的误会一下就解开了。

　　刘禹锡看见韩愈开心了起来，知道他不再误会自己和柳宗元了，也开心起来，立马就给他写了一首诗。韩愈也不扭捏，马上也写了一首名叫《永贞行》的诗送给刘禹锡。

在这首诗中，韩愈写了自己被陷害的事情，表达了对京都那些奸臣的愤怒和讽刺，并对刘禹锡和柳宗元的被贬表示同情：**"吾尝同僚情可胜，具书目见非妄征，嗟尔既往宜为惩。"** 从这以后，韩愈对他们两个人再也没有怨言了。

这次韩愈与刘禹锡的会面，让他们解开了误会，使"大唐铁三角"重归于好，这才有了后来古文运动中更多的好作品。

永贞元年（805年）冬天，韩愈和张署总算抵达江陵。

次年正月，宪宗改年号为元和，始为元和元年（806年），这年韩愈三十九岁。在江陵的时候，韩愈还是有些失意的，这段日子，多亏有张署的陪伴。韩愈一直很珍惜和张署的友情，这段时间写的诗也多跟张署有关。一次，他在张署的住所中，一连写下三首诗——**《题张十一旅舍三咏》**。我们来看看其中一首描写石榴花的诗：

榴 花

五月榴花照眼明，

枝间时见子初成。

可怜此地无车马，

颠倒青苔落绛英。

绛（jiàng）英：红花。

五月里石榴花开，让人眼前一亮，枝头间已经看见有石榴初长成。可惜这里没有车马人烟，殷红的石榴花都落在了青苔上。

　　不得不说，韩愈的文学水平是真的高，仅用前两句短短十四个字，就勾画出了五月里石榴花开时的繁茂烂漫景象。他既写了花，也写了自己看花的愉快心情。后两句写殷红的石榴花落在青苔上，红青相衬，画面十分美好，使人觉得可爱和惋惜。其实诗人正是爱其无游人来赏，爱其满地"青苔""绛英"，倘有人来赏，则车辙马蹄践踏得不堪了，还不如任其花开花落、果熟果烂，来得自然。

　　韩愈并不直接写景，而是通过人的感觉，侧面烘托出石榴花的绚烂多姿。但花开得再美又能如何，还不是寂寞无声落？他叹息花开无人来赏，也是暗喻自己和朋友满腹才华，却被统治者贬谪于穷乡僻壤，无法施展。

　　这年六月，韩愈结束了在江陵担任法曹参军的生活，重新被召回长安，再次担任国子监博士。国子监博士没有实权，是一个闲官。自己好不容易回到京都，却还是不被重用。韩愈真的是服了，自己这颗金子，就真的不能发光吗？

　　还好韩愈在京都有很多好友，与孟郊、张籍、张彻等人重新见面，是韩愈觉得最棒的事了，大家这次终于又能重新在一起玩耍了。

　　韩愈和好友们经常凑在一起谈天说地，喝酒玩游

戏。一次，他们决定玩行酒令，还不是普通玩法，而是
大家接联句：下一个人接上一个人的诗句，格式韵律要
一致，接不上的人就要受罚。

因为这次是几个好友重新会合见面，他们就以"会
合"为主题，商量着共同创作了一首《**会合联句**》：

> 离别言无期，会合意弥重。（张籍）
>
> 病添儿女恋，老丧丈夫勇。（韩愈）
>
> 剑心知未死，诗思犹孤耸。（孟郊）
>
> 愁去剧箭飞，欢来若泉涌。（张彻）
>
> 析言多新贯，摅抱无昔壅。（张籍）
>
> ……

离别之际说不知何时还能再相见，重新会合后我们之间的情谊更加深厚了。生病后添了几分年轻人的不舍，年老后丢了大丈夫的勇气。知道剑心还没有逝去，诗中所蕴含的思想依旧孤立高耸。愁绪一走好似疾速的箭一般飞去，喜乐来临的时候犹如多泉翻涌。联句多了新意，抒发胸怀没有往日的阻碍。……

我是不会认输的！

瞧瞧，唐代的诗人们真会玩啊！真是一群风雅的诗人啊！大家这一天都过得很开心，一直到了深夜才各回各家。

当时的宰相对韩愈还算比较重视，一直想要给他升职，但这样就会挡到别人的官路，所以韩愈不但没升上去，还被一些小人进行人身攻击。韩愈作了一篇《释言》想自证清白，但还是阻止不了谣言。他被烦得不行，又怕惹出更大的麻烦，就主动请求去东都教书。

第七章

东都之行

韩愈离开京城去往东都时，他已经四十岁了。东都，其实就是洛阳，韩愈去洛阳做分校教授，给洛阳的学生教书。

去了洛阳，韩愈自在多了，因为洛阳这个地方他可没少来。他妻子的老家也在这里，在这里教书，也还算一个不错的选择。

韩愈四十一岁的时候，改任了真博士。在这年冬天，他写了《崔十六少府摄伊阳以诗及书见投因酬三十韵》，其中有一句"**三年国子师，肠肚习藜苋（lí xiàn）**"。藜苋，是粗劣菜蔬的意思，从这里我们可以看出，他这时候过得还是很清贫的。

青菜也挺好吃的。

这时候的韩愈官职变动十分频繁，第二年夏天，他改任都官员外郎，还是在洛阳任职。

这一年，他的好朋友李翱（áo）要从洛阳去广州刺史杨於陵幕中任属吏，他作了一首诗《**送李翱**》来送别他。

广州万里途，山重江逶迤。
行行何时到，谁能定归期。
揖我出门去，颜色异恒时。
虽云有追送，足迹绝自兹。
人生一世间，不自张与弛。
譬如浮江木，纵横岂自知。
宁怀别时苦，勿作别后思。

这个场景好像似曾相识啊。

透迤（wéi yí）：蜿蜒曲折。

广州府路途遥远，途中必定要越过重重起伏的青山，涉过道道蜿蜒的江流。不停地前行也不知道什么时候能到，而归期又是谁能决定的呢？拱手行礼后出了门，脸色不同于平时。虽说一路追赶送行，但足迹自此之后也断绝了。人们对于悲欢离合的命运是不能作主的，只能听从命运的安排。就好像浮江之木一般，是横是纵全凭流水摆弄。宁愿怀着分别时的苦痛，也不愿是更苦的别后相思。

诗中交代了李翱要去往广州，路途中间充满了艰难险阻，归期也不能确定。韩愈亲自去送他，看着他远去，感叹道："人生一世间，不自张与弛。"人们无法掌控自己的命运，只能听从命运的安排。又接着把自己比喻成浮木，感叹自己只能随着水流到处漂浮。最后说自己宁愿经受离别时的苦，也不想等人离开后承受思念之苦，所以要去亲自送他，不给自己留遗憾。

也不晓得什么时候能再见面。

元和五年（810年）的春天，春色满园，百花齐放，正是生机勃勃的时候。但韩愈这时候的心情并不见得有多好，他在洛阳已经待了好几年了，一直都没有施展才能的机会。于是他有感而发，写了一首《东都遇春》。

东都遇春（节选）

少年气真狂，有意与春竞。

行逢二三月，九州花相映。

川原晓服鲜，桃李晨妆靓。

荒乘不知疲，醉死岂辞病。

饮啖惟所便，文章倚豪横。

尔来曾几时，白发忽满镜。

旧游喜乖张，新辈足嘲评。

心肠一变化，羞见时节盛。

得闲无所作，贵欲辞视听。

深居疑避仇，默卧如当暝。

啖（dàn）：吃。

少年时意气风发，十分轻狂，有与春天竞争的志向。恰逢二三月的时候，九州的繁花交映。原野天明时的服饰新而华美，被桃李点缀的清晨妆容格外靓丽。荒原驾车的马不知疲倦，醉生梦死间又怎么能因为害怕生病而推辞。吃食简单，写的文章尽显豪横。从那时以来不知过了多久，照镜子发现已经满头白发。昔日交游的友人笑我执拗，新辈们满是嘲笑评量。心思一旦发生了变化，实在怕见到如此旺盛的时节。没有工作得了空闲，想要诉说我所看到、听到的。深居简出怀疑是为了避开仇敌，默默躺下休息仿佛天已昏黑。

韩愈这首诗是以乐景写哀情：春天的花儿开得多美丽，但我自己已经不是原来那个敢与春天竞争的少年人了。我头发都白了，事业也不顺利，每天为生计发愁，就算是这样美丽的景色，也无法安慰我受伤的心灵。

　　这年冬天，韩愈又改任为河南县令。这里的河南在当时指洛阳，与我们现在所说的河南省是不一样的。他再次改任，准确来说，是被降职了。因为这河南县令没有都官员外郎的权力大。元和六年（811年）正月的最后一天，送穷节来了，韩愈文思泉涌，有感而发，写了一篇匠心独运的文章——《送穷文》。

 **小贴士**

送穷节

农历正月的最后一日，晚上没有月亮，唐时曾特以这一日为晦节。民间相传，在这一天，把破衣服丢在巷子里，祭拜"穷神"，可以摆脱穷困。这种行为叫"送穷"，表示了古代人民希望摆脱贫困，生活富裕的愿望。

韩愈在这篇文章讲了这样一个故事：在送穷节这天，一个主人让奴仆把晒干的树枝干草扎成车和船的形状，用纸扎成牛和马，拉着车走，再用纸扎成船帆，安在船上。把这些都弄好后，再让人把这些东西摆在家门口，再摆上酒菜。

然后这个主人对着虚空作揖，说："今天是个好日子，我给你准备了很多好东西，想请你启程离开。我们相处了这么久，穷苦比富裕多，痛苦比快乐多。今天我就为你送别，希望你能重新找个人家生活，祝你一路顺风。"

　　这时，空气中有人回话，原来是穷鬼在说："我们相处也有四十多年了，不管是你从小变成孤儿，还是求取功名不成的时候，我都一直陪着你。你怎么这么残忍，为什么要赶我走呢？"

主人说："你以为我真的不知道吗？你有五个好朋友，分别是智穷鬼、学穷鬼、文穷鬼、命穷鬼、交穷鬼，他们可把我害惨了。智穷鬼让我遗世独立、不阿谀奉承，导致我经常被人中伤、污蔑；学穷鬼让我专研儒学、臧否（zāng pǐ）时政，导致我不被他人接受；文穷鬼让我写文要有自己的见解，不人云亦云，导致我与众不同，只能自娱自乐；命穷鬼让我知道虽然命不好，但还是要勇往直前，总是替人担负责任；交穷鬼让我对他人诚心相待，导致我总是被人利用。"

话没说完，五个鬼都跳出来，大声说："就是因为有我们，你才能有这么多的优秀品质，才能有清白的好名声。你赶走了我们，你就会堕落下去，难道你想变成这样吗？"

主人想了想，觉得他们说的也有道理，最后拱手向他们道谢，把扎好的车和船烧了，请他们留下。

这个故事一看就是假的，世界上怎么会有鬼呢？人又怎么可能与它们对话呢？这只是韩愈在送穷节那天编的一个充满奇幻色彩的故事。其实故事中的主人就是他自己，五个穷鬼则是韩愈个人的经历总结。

文章写"送穷"，实则是"留穷"。故事情节跌宕起伏、变化莫测，富有戏剧性，实在妙趣横生。语言生动有趣，反语迭出，是一篇很有思想性的讽刺文章。韩愈很好地将反讽艺术融入了文学创作，揭示了士人生存的窘境——道德品行才能上的"富有"与现实中失遇不得志的"穷"之间的冲突，淋漓尽致地抨击了庸俗的人情世态，抒发了自己内心的牢骚和忧愤。正如清代学者蔡世远所说："《送穷文》全系玩世愤俗之作。"

韩愈写完这篇文章后，就离开居住了五年的东都，重新回到了长安。

第八章

再任京职

韩愈离开东都时已经四十四岁了，再次回到京师，是被升职为了职方员外郎。这个职位属于兵部，负责管理边疆事务。韩愈之前在军队待过，也当过法曹参军，这会儿他在军事用兵方面的才能逐渐展现出来。

我是不是应该去考武举?

　　不过韩愈还是更关注文化方面。当时很多石鼓文物被发现，但在朝廷的眼里，那只不过是几块长满苔藓的破烂玩意儿。韩愈看到这些石鼓文物被废弃，向皇上力谏要保护它们，但没有被采纳。有一天，张籍拿着石鼓文拓片来找韩愈，想让他写一首石鼓歌。韩愈正好为这事心烦，就答应了张籍，写下一首长诗《石鼓歌》，以抒胸臆。

  "少陵无人谪仙死，才薄将奈石鼓何。"意思是杜甫、李白才华盖世，但都已作古，我这种薄才之人面对石鼓无可奈何。这一句可以看出韩愈对李白和杜甫的推崇，以及自己面对石鼓被废弃的无奈。**"安能以此上论列，愿借辨口如悬河。石鼓之歌止于此，呜呼吾意其蹉跎。"**他抱怨说自己口若悬河地向皇上进谏，但说了也是白说，不被采纳。

当然，韩愈的生活可不是只有忧伤和愤懑，他还拥有一双能够发现美的眼睛。比如他写的《花岛》，短短二十个字，却能让人感受到大自然的美，让人回味无穷。

花　岛

蜂蝶去纷纷，香风隔岸闻。

欲知花岛处，水上觅红云。

蜜蜂和蝴蝶纷纷飞向远处，我顺着它们的方向闻，即使隔着宽阔的江面，依稀也能闻到从对岸传来的香气。想知道花岛所在，但因为被宽阔的江水阻隔，只能隐约见到远方好像有一片红色的云彩。

这首诗描写了一座开满鲜花的江中小岛的美丽景色。韩愈通过细微的观察，借敏锐的嗅觉以及丰富的想象从侧面加以描绘，构思甚为奇特，极具艺术效果。

韩愈有时候就像一个"傻白甜"，喜欢为朋友两肋插刀，但又因此常被人算计。就像他在《送穷文》中写的那样，交穷鬼让他诚心待人，却往往被人利用。

当时有一个叫柳涧的人，是华阴县的县令。韩愈再次回到京师时，路过华阴，柳涧热情地接待了韩愈，两个人相谈甚欢，韩愈也就把他当朋友了。韩愈当了几个月职方员外郎后，听说华州刺史阎济美举报柳涧贪污，将柳涧贬官了。

韩愈相信自己的朋友，他觉得阎济美的做法是不合规矩的，认为他结党营私，就向皇上举报了阎济美。皇上派新上任的刺史调查这件事，倒还确实查出柳涧有贪污的嫌疑，就还是决定要将其贬官。

但韩愈就是死心眼儿，还是不信，继续上书为柳涧辩解。朝廷就又派人去查，这次直接查出了柳涧贪污的罪证，这下贬官是板上钉钉了。而韩愈多次为柳涧辩护，朝廷认为他没有事先搞清楚整个事情的真相就妄议干政，不适合在重要部门任职，就让韩愈做回了原来的国子监博士。

于是韩愈当职方员外郎不到一年，就又回到了国子监教书。算一算，这已经是他第三次当"大学教授"了。这也怪韩愈自己识人不清，做事之前，没有考虑清楚、了解全面，最终自讨苦吃。

韩愈再次开始自己的教学之旅，回到国子监给有志青年们上课。第一堂课，他站在讲台上，看着下面学生们充满朝气的脸，苦口婆心地说：**"业精于勤荒于嬉，行成于思毁于随。"** 然后说了一大堆道理，教导学生要认真学习，不要担心以后的待遇。然而，韩愈自己过得如此失败，就算说得再好，也难免让学生怀疑。

　　果不其然，下面立刻就有学生举起手来，问："老师啊，你天天读那么多书，从来不懈怠，学了那么多东西，但你成功了吗？你现在年纪大了，头发也秃了，牙齿疏松了，还一直被贬官，老婆孩子跟着你受苦。那你说的这些道理有什么用啊，也没见你过得多好啊。"

　　面对学生的质问，韩愈不但没有生气，还笑了起来，说："嘿，你这好小子，到前面来。"他招手让这个学生走到讲台旁边，对他说："你这个问题真的是要我的命噢，要是晚上在被子里听到这个问题，说不定我

还会哇哇大哭呢！但现在是在上课，那我还是认真给你解答一下。"

他开了一个玩笑，终于认真解答起来："把大的木材做屋梁，小的木材做瓦椽与零部件，让它们各适其宜建成房屋，这是工匠的技巧。贵重的各种药材全收集好，等到要用的时候没有缺的，这是医师的高明之处。提拔人才，公正贤明，选用人才，态度公正，比较各人的短处，衡量各人的长处，按照他们的才能品格分配适当的职务，这是宰相的用人方法！"

然后他又用孟子、荀子等古人先贤为例子，说他们也非常勤奋、学识渊博，但在现实生活中，他们还不如自己过得好。

他还说："我虽然现在官职不高，但朝廷每个月还是会给我发粮食和薪水，我的儿子不用去种地，妻子不用每天辛苦织布，皇帝没有重罚我，宰相也没有骂我，这还不好吗？虽然总被人污蔑，但也确实有我自己的问题，来当老师也确实是恰如其分啊。每个人只有在自己合适的位置，才是最好的呀。"

啊，感谢陛下，感谢宰相，感谢朝廷，让我过得还不错。

韩愈用朴实真切的话语，获得了学生们的喜爱，他的开堂第一课完美结束。

以上的故事，出自韩愈的一篇传世佳作——《**进学解**》。《进学解》被后人看作是韩愈反讽艺术的代表作，寄托了他对现实不公的愤慨。当然，这篇文章最值得称道的是淋漓尽致地展现了他的文采。下面我们来欣赏文中学生对韩愈评价的文字：

先生口不绝吟于六艺之文，手不停披于百家之编；记事者必提其要，纂言者必钩其玄；贪多务得，细大不捐；焚膏油以继晷（guǐ），恒兀（wù）兀以穷年：先生之业可谓勤矣。抵排异端，攘（rǎng）斥佛老；补苴（jū）罅（xià）漏，张皇幽眇（miǎo）；寻坠绪之茫茫，独旁搜而远绍（shào）；障百川而东之，回狂澜于既倒：先生之于儒，可谓有劳矣。沉浸酝（nóng）郁，含英咀（jǔ）华；作为文章，其书满家；上规姚姒（sì），浑浑无涯；《周诰》《殷盘》，佶（jí）屈聱（áo）牙；《春秋》谨严，《左氏》浮夸，《易》奇而法，《诗》正而葩（pā）；下逮《庄》《骚》，太史所录，子云相如，同工异曲：先生之于文，可谓闳（hóng）其中而肆其外矣。少始知学，勇于敢为；长通于方，左右具宜：先生之于为人，可谓成矣。

然而公不见信于人，私不见助于友。跋前踬（zhì）后，动辄（zhé）得咎。暂为御史，遂窜南夷。三年博士，冗不见治。命与仇谋，取败几时。冬暖而儿号寒，年丰而妻啼饥。头童齿豁，竟死何裨（bì）。不知虑此，而反教人为？

先生口中不断诵读儒家六经的文章，手里不停翻阅各学派的著作；对史书之类的书籍必然要提炼出其中的纲要，对理论著作必然要去探索其中的精微；务求尽量多地学习到知识，无论小的大的都不废弃；天黑了就点上油灯继续学习，常常一年到头勤奋不懈：先生学习可以说是相当勤奋了。抵拒排斥异端学说，摈斥佛教和道家；填补儒学中的缺漏，扩大精深微妙的道理；搜寻那些已经衰落的儒家的道统，一个人广泛搜集，继承古人；指导儒家以外的学说就像是阻挡百川水势乱流，使它们向东流去，而挽救儒家道统，就像是挽回猛烈的大波浪：先生您对儒家可以说是功劳很大了。心神沉浸在内容醇厚的古籍中，细细咀嚼，体味文章的精华；写起文章来，那著作多得都能堆满整间屋子；向上效仿《虞书》《夏书》，内容深远而没有边际；《周书》《商书》文句艰涩生硬，念起来不顺口；《春秋》内容精细严密，《左传》文辞夸张，《易经》奇妙且内有法则，《诗经》内容纯正言词华美；往下一直到《庄子》《离骚》《史记》，扬雄、司马相如，文章不同却同样巧妙：先生的文章可以说是内容广博、言辞恣肆奔放了。先生年轻时刚懂得学习，就敢作敢为；长大后精通方术，各方面都很得体：先生做人可以说是十分完美了。

然而先生在朝廷中无法被人信任，私下里也没被朋友帮助。进退两难，动不动就受到指摘或责难。刚当上监察御史就被贬谪到阳山。当了三年的国子博士，职位清闲无法显露出治理能力。您的命运不好，总是遭受失败。即使是在气候尚且暖和的冬天，您的儿女仍然哭着喊冷；即使是遇到丰收之年，您的夫人也依旧哭着说饿。您如今头顶秃了，牙齿稀了，像这样一直到死，又有什么好的呢？为什么不知道考虑考虑这些事，反倒来教导别人呢？

这段文字中，竟然诞生了提要钩玄、贪多务得、细大不捐、焚膏继晷、兀兀穷年、补苴罅漏、旁搜远绍、力挽狂澜、含英咀华、佶屈聱牙、同工异曲、闳中肆外、跋前踬后、动辄得咎、命与仇谋、头童齿豁等十多个成语！

我也太厉害了吧！

成语小助手

提要钩玄：玄，深奥的道理。提要，指出纲要。指探索深奥精微的道理，摘取其中的要点。

贪多务得：贪，贪图。务，务必。原指学习上务求尽多地获得知识，后泛指对其他事物贪多并务求取得。

细大不捐：细，小。捐，舍弃。指收罗的东西多，无论小的大的都不废弃。

焚膏继晷：膏，指灯油。晷，日光。点上油灯以接替日光来照明。形容勤奋地工作或学习。

兀兀穷年：兀兀，劳苦的样子。穷年，终年。一年到头辛苦劳动，勤劳不懈。

补苴罅漏：补苴，弥补。罅，裂缝。补好裂缝，堵住漏洞。泛指弥补事物的缺陷或漏洞。

旁搜远绍：旁，广泛。绍，承继。泛指在学习或研究中广泛搜集资料，借鉴继承古人的学说。

力挽狂澜：挽，挽回；狂澜，猛烈的大波浪。指阻止异端邪说的泛滥。也比喻尽力挽回危险的局势。

含英咀华：英，花朵。咀，咀嚼。口中含着花朵，细细咀嚼。比喻读书时细细品味领会文章的精华。

佶屈聱牙：佶屈，曲折。聱牙，不顺口。指文章读起来不顺口。

同工异曲：也作"异曲同工"。工，细致，巧妙。曲，曲调。不同的曲调演得同样好。比喻不同的作品同样精妙。也比喻方式或做法不同却收到同样的效果。

闳中肆外：闳，博大。肆，豪放不拘。指文章内容丰富，文笔十分奔放。

跋前踬后：跋，踩。踬，跌倒。比喻进退两难。

动辄得咎：动，常常。辄，就。咎，罪责。指动不动就受到指摘或责难。

命与仇谋：仇，仇敌。指命运使自己经常与仇人打交道。形容命运不好，常遇挫折。

头童齿豁：童，原指山无草木，比喻人秃顶；豁，缺口。头顶秃了，牙齿稀了。形容人衰老的状态。

韩愈不仅文采好，他还通过这篇文章写出了封建时代有才华、有抱负的知识分子的苦闷，批判了不合理的社会现象，具有典型意义。所以这篇文章一发出来，简直轰动朝野，大家觉得韩愈这篇文章写得妙极了，不仅语言幽默生动，独创性语句层出不穷，而且内容充实，引人深思。大家都认为让他当一个小小的博士实在是太委屈他了。

如果不做博士，韩愈还能做什么呢？这时候有人就说："韩愈有这种本事，很适合去当史官啊。"朝廷觉得这个建议不错，于是不久之后，四十六岁的韩愈就被改任比部郎中、史馆修撰了。他没想到只是凭借一篇文章，就让他升了职，原本只是用来自娱自乐，没想到无心插柳柳成荫啊，他简直开心极了。

你可真是帮了我一个大忙啊。

　　相比于国子监博士，史馆修撰的官位没有提升很多，但它在当时可是一个十分光荣的官职呢。无论是满朝文武，还是天下大事，都要由史官一支笔来记入史册。韩愈也很喜欢这个职位，想到后人看的史书是自己写的，他就有一种满满的自豪感。

　　韩愈当上史馆修撰后，接到的第一个重大任务就是重新修撰《顺宗实录》。"实录"，就是"真实地记录"，而《顺宗实录》，就是专门给顺宗皇帝记录事迹的书。《实录》一般是在该皇帝去世后，由下一个皇帝派人撰写。所以《顺宗实录》就是顺宗的儿子李纯，也就是宪宗命人为他爹撰写的一本书。

其实之前就已经有人负责写过《顺宗实录》，但这个人怕惹祸上身，就写得很简单。宪宗觉得他写得不好，看不出他爹的伟大，就想让韩愈来重新写。韩愈这个人做什么都很认真，既然接受了这个任务，就一定要将它做好。

于是他立马派人收集顺宗的资料，然后开始进行撰写工作。既然是"实录"，那按照韩愈那耿直的性格，当然要秉笔直书、如实记录，所以他不仅把顺宗优秀的地方写了上去，还把顺宗一些不好的地方也记录了上去。

没过多久，这本《顺宗实录》就写完了，他觉得自己特别棒，这么快就把皇帝交给自己的任务完成了，而且还坚持了历代史家的实录精神。但结果自然是不像他想的那么好。宪宗并不满意，要求他重新改写。他只能带着下属们熬了几个通宵，把《顺宗实录》又改了一遍。再次交稿时，他还写了一篇《表状》，说自己撰写时候用的资料都是准确真实的，一切都是实录，不会写错。

　　韩愈真的不知道宪宗为什么不满意吗？他肯定是明白的，但他在《表状》中表明了自己的态度：我是史官，一切都是按事实写的，皇帝您还有不满的话，我也没办法。

　　修改后的《顺宗实录》虽然也没有让宪宗很满意，但看了韩愈的《表状》之后，他也没有让韩愈再改了。

　　写完《顺宗实录》，韩愈的仕途倒是顺利了一些，他也有时间写诗了。这时正值春季，他已经四十八岁了，眼看着春节都已过去两个月，春天才姗姗来迟。对于去过南方的韩愈来说，他觉得北方的春天来得太晚了，为此他写了一首诗：

春　雪

新年都未有芳华，
二月初惊见草芽。
白雪却嫌春色晚，
故穿庭树作飞花。

　　如今已是新年，却仍见不着芬芳的花朵，等到二月才惊喜地发现小草长出了嫩绿的新芽。白雪反而嫌怨春天的景色来得太迟，故意在庭院里的树中来回穿梭，好像那漫天飞舞的花儿。

他的这首《春雪》虽然简单，但其实暗藏玄机。首句写人们在漫漫寒冬中久盼春色的焦急心情。第二句中，"惊"字最值得玩味，它写出了人们在焦急的等待中因终于见到"春色"萌芽而新奇、惊讶、欣喜，十分生动。第三、四句表面是说有雪无花，实际是把白雪拟人化，说它比人更等不住，干脆自己化作飞花的样子。从诗句中可以看出，韩愈在急切地期盼春天，他在自然界还没有春色时幻化出了一片春色，着实浪漫。

春天伴着雪花而来，又将绚丽而去。韩愈仕途顺畅，这个春天过得也比较顺心。又是时间匆匆，此时已

经是晚春时节，百花还在努力绽放自己，让他不禁又诗
兴大发，写下《**晚春二首**》。

其 一

草树知春不久归，

百般红紫斗芳菲。

杨花榆荚无才思，

惟解漫天作雪飞。

花草树木知道春天很快就要过去了，所以它们开出万紫千
红的花儿，争芳斗艳。只是可怜那柳絮和榆钱，没有艳丽的颜
色和馥郁的香气，只知道像雪一般满天飞舞。

其 二

谁收春色将归去，

慢绿妖红半不存。

榆荚只能随柳絮，

等闲撩乱走空园。

是谁要把春天这美丽的景色收起带走，红绿相间的艳丽花
草已经凋谢一半了。榆钱也只能跟着柳絮，被风吹着在空荡的
园中四处飞舞游走。

他的这两首诗都运用了拟人的修辞手法，通过描写花草树木得知春天不久就要归去，于是各逞姿色，争芳斗艳，想要将春天留住。就连没有姿色的杨花、榆荚也不甘示弱，好像雪花随风飞舞，加入了留春的行列。这两首诗表达了韩愈的惜春之情，同时也告诉人们应抓住时机，乘时而进，创造美好的未来。

第 九 章
随征淮西

韩愈四十九岁时，已经晋升为中书舍人了，也算是有了一些地位和权力，在朝堂上也有了话语权。

　　在这一年，淮西节度使吴少阳死了，他的儿子吴元济拥兵自重，没经过宪宗的同意就自封为淮西节度使，而且还派兵攻打淮西周围地区。

　　这种情况，宪宗能忍吗？那肯定是不能啊！所以宪宗就想要讨伐吴元济，于是派御史中丞裴度去调查。

裴度去前线视察了一番，觉得可以一战。但是吴元济那边的实力还是比较强的，轻易开战有损国力，所以朝廷一直在争论是否开战。

　　韩愈是积极主战的一员，一直给宪宗上书说应该对淮西用兵。他认为以全国之力，讨伐叛贼绰绰有余，关键在于宪宗有没有开战的决心。他还让宪宗快点做决定，一直迟疑不决并不能解决问题。他不但给出了理论依据，还列出了很多具体的做法，在用兵、粮草供给方面，都提出了很多建设性意见。

　　韩愈真不愧是参过军的，在军事方面的才能值得点赞啊！

　　然而韩愈这次又倒霉了。对于不敢轻易发动战争的执政者来说，韩愈这次的做法简直是在打他们的脸。他们之中有人为了不再让韩愈继续从中捣乱，就找了个借口把韩愈降职了。

　　韩愈就这样变成了太子右庶子。太子右庶子这个职位比中书舍人的职位要高，但它只是个名头而已，实际上就是个闲官，没有实权。这下韩愈再也没办法向宪宗表达自己的看法了，韩愈真的是太惨了！

直到韩愈五十岁这年，宪宗才下定决心要对淮西用兵。朝廷授予裴度门下侍郎、蔡州刺史、充彰义军节度等职位，韩愈以行军司马身份，辅助裴度。他们在这年八月份时前往淮西，正式讨伐吴元济。

韩愈在淮西战事中立下了很多功劳。十月份，裴度率领军队正式进驻蔡州，淮西战事结束，朝廷获得胜利。

这次淮西战事大获全胜，宪宗当然高兴得不得了，开始论功行赏。因为韩愈的优秀表现，他被升职为尚书省刑部侍郎。这个官职也算是相当大了，韩愈对此很满意。

就这么相安无事地过了两年，很快到了元和十四年（819年），这时韩愈已经五十二岁了。

宪宗是一个信奉佛教的人，现在国家还算稳定，没有什么大事发生，宪宗就不想干正事了，天天想着怎么拜佛求长生。

长安城附近的凤翔县有一座法门寺，寺中收藏了一节佛指，据说是佛祖释迦牟尼圆寂后的遗骨。这个佛骨是佛门的圣物，每隔三十年，法门寺才会将佛骨取出来一次，让世人朝拜。

刚好，这一年是取佛骨的第三十个年头，有人看到宪宗信佛，就提议将佛骨接到皇宫来供奉一阵子。这恰好迎合了宪宗的心意，于是他不顾国库空虚，想要花巨资把佛骨迎接到宫中。

为了这件事，宪宗花费了很多银两，可国家现在本来就内忧外患，经不起这样的折腾呀。

一想到国家忧患，韩愈躺在床上翻来覆去睡不着觉。

你宪宗皇帝信奉佛教就信奉吧，可是不能为了这个把国家搞垮啊！韩愈觉得自己不能任由事情这么发展

下去，他要好好劝说一下宪宗。于是他立马起身，点上灯，开始提笔写谏书。著名的《**论佛骨表**》就这样诞生了。

　　第二天早朝，宪宗的龙椅还没坐稳，韩愈就赶快把谏书呈给了宪宗。宪宗一打开，看到的是满纸的文字，写的自然是韩愈主张反对奉迎佛骨，并且罗列了很多反对的理由和奉迎佛骨一系列的负面影响。

陛下，这可是我熬夜写的，您得好好看一下。

宪宗现在对佛教那叫一个虔诚，怎么能容忍韩愈坏他的计划呢？但韩愈还没意识到问题的严重性，还站在大殿中劝说宪宗把佛骨毁掉，以绝后患。宪宗觉得这个韩愈真是一点眼力儿都没有，于是一气之下当着所有人的面把韩愈上呈的谏书给撕了，还说要处死韩愈。

韩愈心痛啊！韩愈气愤啊！没想到自己为宪宗、为国家尽心尽力，居然被这样对待！

　　幸好宰相裴度以及崔群等大臣出来为韩愈求情。宪宗听了之后，虽然冷静了一点，但还是很生气，不想就这么轻易地饶过这个乱议佛教的韩愈。

　　最后，韩愈虽然保住了性命，但被贬到了遥远的潮州。潮州在当时环境很恶劣，还常常有鳄鱼出没，特别危险。宪宗就是不想让他好过，特意选了这么一个又偏远又危险的地方。

第十章

贬谪风波

大雪纷纷扬扬地下着，韩愈站在雪地里，接过写着"贬韩愈为潮州刺史"的圣旨，无奈地叹了口气。一般来说，就算是被贬，也至少有一段时间来整理行囊吧。实际上，原本唐朝的《假宁令》规定，就算是降职的罪臣，也有三五天的装束假。但韩愈就是有这么倒霉，玄宗登位后改了规定，降职的官员必须马上上路，不准在京都多加停留。

　　而且他这次被贬，他的妻子和孩子们也不能待在长安，必须跟着韩愈去潮州。特别是宪宗对罪臣每日上路的行程也有规定，所以韩愈必须在指定的时间内赶到潮州上任。时间紧凑，肯定是不能跟家人们一起上路了，韩愈必须先行一步。

你们要早点来啊，我会想你们的。

一路上风雪交加，韩愈被冻得手脚冰凉，却还要快马加鞭，身体都快坚持不住了。这也让他十分担心自己的家人，不知道他们受不受得了这种苦。他最担心的是四女儿挐挐，因为还没出发的时候，挐挐就卧病在床，现在又要这样奔波，也不知道会怎么样。这时的韩愈还不知道，他的挐挐会在赶路的途中因重病去世。

　　除了担心家人，韩愈的心里还充满着委屈与悲愤。自己为宪宗尽心尽力、满腔忠诚，但宪宗却无动于衷，甚至还将自己贬官，真的是太让人伤心难过了。

我如此优秀，你怎么就看不到我的好呢？

"难道是我韩愈真的生不逢时？为何总是让我衔冤负屈呢？"

韩愈一边赶路，一边沉思着，心中百般滋味交杂，这次去往潮州，也不知道还有没有机会再次回到长安。

到达蓝关这个地方时，突然，韩愈听见有人叫道："叔祖，我等你等得好苦啊！"

韩愈仔细一看，只见远处有一个人，身上都是雪，这人向韩愈慢慢地挪过来，可能是因为在雪地里站得太久，步伐有些僵硬。等到这个人走到近处，韩愈才发现这是自己的侄孙韩湘，也就是韩老成的儿子。自从韩老成去世之后，他就被韩愈接到身边抚养。后来因为韩湘在长安学习时总被欺负，韩愈就将他送到城外去读书了。

　　韩愈看到是自己的侄孙，立刻下马来扶住他，问：
"湘儿，你怎么在这里啊？"韩湘抖掉身上的雪，红着
眼睛说："叔祖，我在这里等您好久了，我想陪您一起
去潮州。"

傻孩子呦，怎么就想跟着我去吃苦呢？

叔祖，带我一起去吧。

　　韩愈这才知道韩湘在听说他被贬后，特意提前在
这里等着他。他感动得快哭了，一把搂过韩湘，说：
"走，先赶到驿站，咱们今天晚上好好聊聊。"

他还写了一首诗来记录，这就是著名的《**左迁至蓝关示侄孙湘**》：

一封朝奏九重天，夕贬潮州路八千。
欲为圣明除弊事，肯将衰朽惜残年！
云横秦岭家何在？雪拥蓝关马不前。
知汝远来应有意，好收吾骨瘴江边。

清晨我送呈《论佛骨表》给皇帝，晚上就被贬到了遥远的潮州。想要替皇帝除去政治上的弊端，哪能因为衰弱多病就顾惜自己残余的生命！白云横亘在秦岭之上，我的家又在哪里呢？大雪阻塞了蓝田关，马儿也不再继续前行。我知道你远道而来应该是知道我此去凶多吉少，正好可以在潮州替我收尸。

你来得正好，我要是有个万一，就靠你带我回家了。

韩愈这时候已经五十二岁了。他四十多岁的时候，身体就已经不太好了，现在更加不行了。他不知道自己这次去潮州，还能不能平安回京城，而且还只能一个人先去，难免会觉得"孤独寂寞冷"，对于韩湘的到来，他心里感动极了。

　　一番奔波之后，韩愈还是平安到达了潮州。一到潮州，他就写了一封《潮州刺史谢上表》给宪宗报平安，顺便继续为自己辩驳，期望宪宗能看到自己对国家的用心。宪宗这时候也冷静下来了，知道韩愈写《论佛骨表》的本意是好的，但他还是拉不下面子，没有让韩愈重新回来。

陛下，我能有什么坏心思呢？我都是为您好啊。

这可怎么办呢？

要是就这么让韩愈回来了，自己身为皇帝的威严何在？但不让他回来，潮州这个地方又十分危险，韩愈年纪大了，一直待在那真的合适吗？宪宗想来想去，简直一个头两个大，决定先过段时间再说。

韩愈在潮州可没有白待，他来了之后就给鳄鱼下战书——《**鳄鱼文**》，这可是一封有趣的挑战书。

你猜猜，我们的韩大人对鳄鱼都说了一些什么呢？首先，韩愈说自己是受到天子之命来管理潮州的，你们这些小小的鳄鱼可不要想不开和我作对，我可不是好欺负的。然后还说，我劝你们啊，赶快在三到七天之内离开这里，否则我就不客气了。最后他还提醒鳄鱼们，我们的箭头是抹了毒药的，你们要是不听话，就只有死路一条了！

让我们来吓跑它!

不过鳄鱼怎么可能听得懂呢?就算听得懂,也不会怕韩愈那个小身板啊,所以鳄鱼们还是我行我素,想干啥就干啥。

韩愈叹口气,看来这些鳄鱼真是一点儿都不给他面子啊。于是他决定,硬的不行,就来软的。传说他在七天后,让人抓了一头猪和一只羊,投进水中。韩愈对着潭水中的鳄鱼说,给你们点好吃的,你们快点离开吧,求求你们了。让人没想到的是,鳄鱼还真吃这一套,当天晚上忽然就起了大风暴,雷雨交加。过了几天后,潭水都干了,鳄鱼也不见了。潮州的鳄鱼之灾居然就这么解决了,老百姓们简直都不敢相信,都对韩愈佩服极了。

小贴士

　　鳄鱼是地球上生物"活化石"之一，现在已经被列为国家一级野生保护动物。

　　当然这仅仅只是人们为了宣扬韩愈的事迹而编造的传说而已，具体是怎样解决的我们也无从考证。不过，至少我们可以看出，韩愈在潮州真的有在为人民解决问题，除去灾患。实际上还不仅如此，韩愈还在潮州兴修水利，兴办学校，做出了很多贡献。也正是因为这样，在潮州人民的心中，韩愈的形象是十分高大的。虽然他只在潮州干了约五个月，但是他使潮州逐渐成为一个具有个性特色的文化名城。

　　元和十五年（820年）正月，唐宪宗去世，唐穆宗即位，大赦天下，韩愈被量移为袁州（今属江西宜春）刺史。

小贴士

量　移

　　量移是唐、宋公文中的用语，是指官员被贬谪远方后，遇恩赦迁到距京城较近的地区，泛指迁职。这里韩愈就是遇赦，从广州迁到了离长安更近的江西。

韩愈正干得起劲呢，就接到了迁职的诏书，于是重新收拾行囊，赶往袁州。

去袁州当刺史，他还是很高兴的，毕竟袁州离长安更近。可是在去往袁州的路上，他却收到了一个令人悲伤的消息，自己的好朋友柳宗元在两个月前因病去世了！他回想起他们曾经共同推进古文运动，志趣相投、相互欣赏的日子，如今却永不相见，伤心不已。

他在无尽的悲痛中，为柳宗元写下了祭文和墓志铭——《**祭柳子厚文**》和《**柳子厚墓志铭**》，"**嗟嗟子厚，今也则亡。临绝之音，一何琅琅**"，表达了他对好友柳子厚去世的痛彻心扉。

子厚兄啊，你怎么就这样离我而去了啊！

　　袁州注定是个悲伤之地，韩愈春天刚祭别了好友，结果秋天的时候，他又失去了他的侄孙韩滂。他为韩滂写了《祭滂文》和《韩滂墓志铭》，感觉自己的白发又增加了很多。

　　去年去潮州的时候，自己的四女儿不幸因病离世，然后自己的好朋友也因病去世了，现在自己的侄孙也因为一直在颠沛中疏于照顾，最后病死于袁州。他简直心都要碎了，为什么老天爷这么残忍？为什么生命如此脆弱啊？

我现在已经有写祭文ptsd（创伤后应激障碍）了。

　　韩愈虽然接连受到打击，但职业素养还在，在袁州也干了很多实事，政绩卓著。袁州的人民因此都十分敬仰韩愈，后来还修建了韩文公祠来祭祀他，这个韩文公祠还被扩建为昌黎书院，一直存留至今。

　　九月份的时候，韩愈接到了诏书，他被任命为国子监祭酒，这就是要他重回京城的意思。于是韩愈赶紧收拾东西，启程回京。

一直到十一月，韩愈再次回到了熟悉的长安城，可是已经物是人非了。

第十一章
晚年风光

韩愈之前在冬天离开长安，现在又在冬天回到长安，他心中感慨万千。

很快就到了韩愈回长安的第二年，这一年穆宗即位，改为长庆元年（821年），这时候的韩愈已经五十四岁了。七月时，他转任了兵部侍郎。

长庆二年（822年）七月，镇州发生兵变，叛军杀害了节度使田弘正，拥立王廷凑为老大，然后大肆攻占周围州县，害得民不聊生。

次年，穆宗派人去镇压叛军，但没想到叛军直接把派去镇压的将领牛元冀给包围了。穆宗只能重新改变策略，先暂时去安抚叛军的首领王廷凑，下诏授予他官职。

这么艰巨的任务，派谁去好呢？要知道，叛军可都是一些危险分子，要是一不小心惹怒了他们，性命就丢了。穆宗思来想去，想到了韩愈这个兵部侍郎，让他去做安抚、招安叛军的工作。

这时候的韩愈已经五十五岁了，大家都为他捏了一把冷汗。穆宗也很担心他，让他千万见机行事，注意安全。

韩愈看穆宗这么体贴自己，心里很感动，不但不准备退缩，反而坚定了要完成这个任务的决心。他对穆宗说："**止，君之仁；死，臣之义。**"然后他快马加鞭，来到了镇州。

镇州的叛军们都知道朝廷要派人来安抚他们，但他们一点儿也不把韩愈放在眼里，还商量着等韩愈来了，要给他一个下马威。

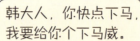

　　果然，韩愈刚到镇州，王廷凑就带着人马把他团团围住。王廷凑对韩愈说："韩大人啊，其实我也不想这样无礼，都是我手下这些士兵心中有怒气，不好管教。"

　　韩愈当然知道王廷凑是故意的，他想了想，大声地对王廷凑说："皇上觉得你有大将之才，没想到你竟然连这些士兵都管教不好！"

　　王廷凑脸一僵，没想到韩愈胆子这么大，还敢怼自己，正准备回话，一个士兵就走上前来。这个士兵看起来很生气，直接就问韩愈："先太师（指王廷凑的父亲王武俊）曾带领我们替国家击退了敌人朱滔，他的血衣都还留在我们这里。我们有什么地方对不起朝廷，凭什么把我们当作贼人来讨伐？"

韩愈立马就答道："原来你们还记得先太师啊，那就最好了。想当初他也是先叛乱，后来归顺了朝廷，从此加官晋爵。你们再看看，天宝年间以来，安禄山、史思明、吴元济、李希烈等造反的人，有什么好下场吗？他们中哪一个不是灭子绝孙？哪一个的后代还在做官？"

士兵们听完，都摇头说："没有。"

韩愈又说："田弘正率领魏博六州归顺朝廷，功劳巨大，朝廷封他做了节度使，他的孩子虽然年龄小，也被授予了高官。他对国家有功劳，你们为什么要害了他的性命，而且还叛乱呢？"

士兵们说："因为田弘正太刻薄了，我们无法在他手下安身立命。"

韩愈追问道："可是冤有头，债有主，你们不但害了他，还残害了他的家人，为什么还没平息你们的怨气呢？"

士兵们没有说话，你看看我，我看看你，不知道回答什么好，只能说："韩侍郎说的对。"

王廷凑本来还打算看韩愈被士兵刀难，这下看到韩愈居然说服了他们，军心已经快要动摇了，连忙让士兵们都退了出去，接着问道："您这次来，想要做什么呢？"

韩愈早就了解过王廷凑为人很孝顺，他一本正经地说："你的父亲曾与我交好，他说你日后肯定会封侯，但你很容易干傻事，他托付我一定要看好你，现在你正步入歧途，我是来救你的啊！"

王廷凑听了大惊："真的吗？若朝廷对我网开一面，我马上改！"

韩愈答道："只要王将军把牛元翼放了，从此不再作乱，朝廷马上任命你为封疆大吏。"王廷凑一听自己有正经大官做，忙不迭地点头同意了。

就这样，镇州叛乱至此总算是告一段落了。韩愈面对如此危险的任务，勇敢坚定，大义凛然；面对盛气凌人的叛军，依旧临危不惧，神情自若，最后还顺利安抚了叛军，难怪苏轼后来称赞他为"勇夺三军之帅"。

那我可不是吹，我的本事大着呢。

不久，韩愈接到消息，他的朋友严谟（mó）要离开京城去桂林当桂管观察使（桂州总管府的行政长官）了。韩愈虽然十分不舍朋友的离开，但还是送上了自己最诚挚的祝福，一首送别佳作就此诞生。

送桂州严大夫同用南字

苍苍森八桂，兹地在湘南。

江作青罗带，山如碧玉篸。

户多输翠羽，家自种黄甘。

远胜登仙去，飞鸾不假骖。

篸（zān）：同"簪"，簪子。骖（cān）：古代驾在车前两侧的马。

苍郁茂盛的八桂之地，这个地方就在湘南。那里的江河像青罗带，山像碧玉簪。家家缴纳翡翠鸟的羽毛，户户种植黄甘。远远胜过登仙而去，无须借飞鸾为坐骑飞升成仙。

这首诗先是点明严谟赴任之地是位于"湘南"的桂林，然后以高度的概括力，极写桂林山水之美。接着，他又写桂林迷人的风俗人情，最后说到桂州赴任远胜过求仙学道或升官发财。这首诗将深挚的友情寄寓在景物描写中，清丽工稳，质朴淡远，当真既是写景名篇，又是送别佳作。

回到朝廷这边，穆宗见韩愈不仅顺利完成任务，而且平平安安地回来了，十分高兴，对他更加看重，任命他为吏部侍郎。因为穆宗的器重，这两年韩愈的事业也格外顺畅，后来又先后做了京兆尹、兵部侍郎等。不过这时候朝廷内的派系之争比较严重，而韩愈为人坚贞耿直，不愿参与其中，加上身体又不好，所以在官场上也没有更进一步了。

到了这个人生阶段，韩愈对自己在文学上或是官场上的成就还是比较满意的，年纪大了，他也不想再去追求那些名利了，都看淡了。

长庆三年（823年）的早春时节，韩愈此时已经五十六岁了，他的好友张籍去年升职做了水部员外郎，也在长安，两个人一直玩得很好。

春光明媚，到处生机勃勃，韩愈的心情也不自觉地跟着好了起来。看见外面春色正好，他就想邀张籍一起出去春游，但是张籍老是说自己忙，年纪也大了，不想出去玩。韩愈想，这不行啊，要让好友感受到春光之美，和自己一起出去玩耍，于是他就写了两首《**早春呈水部张十八员外**》送给张籍：

其 一

天街小雨润如酥，
草色遥看近却无。
最是一年春好处，
绝胜烟柳满皇都。

京城街道上空的细雨，细腻如酥，远远望去，依稀能看见一片极淡的草色，但是一走近反而看不清了。现在正是一年中春光最好的时候，远远胜过了长安烟柳满城的景象。

其 二

莫道官忙身老大，
即无年少逐春心。
凭君先到江头看，
柳色如今深未深。

不要总说公务繁忙，年纪大，已经没有了年少之时追逐春天的心情。请你先到曲江边瞧一瞧，现在的柳树颜色深不深呢？

张十八员外

张籍在他的兄弟辈中排行十八，故称"张十八"，而他现在又担任水部员外郎，所以韩愈叫他"张十八员外"。

第一首现在已经是名传古今的佳作了。一年之计在于春，韩愈将美好的春景用短短几句话传神地描绘出来。即使我们没有亲眼所见，也能在诗意中体会到初春小草沾雨后的朦胧景象。美好的事物值得我们去欣赏，韩愈也希望自己的好朋友张籍能与他一起欣赏。其中"草色遥看近却无"一句，由远到近进行描写，且蕴含深刻的哲理，受到了极高的评价。

本来以为这样闲适的日子能持续下去，没想到长庆四年（824年），韩愈就开始生病，身体越来越差了。他只好向朝廷申请告病休假，在长安城南庄的别墅里养病。

八月份，韩愈回到长安城里，高兴地和家人们一起过了中秋节，九月份又开始病重，挨到十二月二日，韩愈与世长辞，时年五十七岁。

韩愈就像他在《猗兰操》中写的那样："**兰之猗（yī）猗，扬扬其香**。"他就像是一朵高洁芬芳的兰花，虽已离去，但香气永存。他奇崛雄伟的诗文、他特立独行的品格，使他在中国历史上留下了浓墨重彩的一笔，绽放出绚丽的花朵。

我们都会记得您的。

第十二章
人生小结

一代文坛巨匠就此离世，给后世留下了无数文化珍宝。现在，让我们简单地回顾一下韩愈这非凡的一生吧。

　　公元768年（唐代宗大历三年），韩愈出生。

　　公元770年（大历五年），韩愈父亲逝世。

　　公元786年（唐德宗贞元二年），韩愈十九岁，进京参加进士考试，但接连三次均失败。

　　公元792年（贞元八年），韩愈在第四次参加进士考试后，成功登进士第。

公元793年（贞元九年），韩愈参加吏部博学宏词科考试落第，后又接连参加吏部考试，但都失败。

公元796年（贞元十二年），二十九岁的韩愈加入董晋的幕府，开始从政。

公元799年（贞元十五年），董晋逝世，韩愈随董晋灵柩回到洛阳。同年秋，韩愈应徐州节度使张建封之邀，出任节度使推官。

公元800年（贞元十六年），韩愈离开徐州，居洛阳，其间完成了《杂说四·马说》的写作。

公元802年（贞元十八年）春，三十五岁的韩愈被任命为国子监四门博士，写下了名作《师说》。

公元803年（贞元十九年）春，韩愈的侄子韩老成病逝，韩愈作悼文《祭十二郎文》。同年十二月被贬为阳山县令。

公元806年（唐宪宗元和元年），三十九岁的韩愈奉召回长安，再次担任国子监博士。

公元807年（元和二年），韩愈主动请求分教东都，前往洛阳。

公元811年（元和六年）正月，韩愈作《送穷文》，后任尚书职方员外郎。

公元812年（元和七年），华阴县令柳涧因贪污被贬，韩愈为其辩护，受其牵连降职为国子监博士。

公元813年（元和八年），韩愈作《进学解》，朝廷赏识他史学才识丰厚，改韩愈为比部郎中、史馆修撰。

公元815年（元和十年），韩愈奉命写《顺宗实录》。

公元817年（元和十二年），五十岁的韩愈以行军司马随征淮西，平定后因军功晋升为刑部侍郎。

公元819年（元和十四年），韩愈上书《论佛骨表》，宪宗大怒，贬韩愈为潮州刺史，去往潮州途中写下《左迁至蓝关示侄孙湘》。

公元820年（元和十五年）正月，韩愈调任为袁州刺史。九月，被内调为国子祭酒，韩愈回长安。

公元821年（唐穆宗长庆元年）七月，韩愈转任兵部侍郎。

公元822年（长庆二年），镇州兵变，韩愈奉令宣抚镇州。九月，升吏部侍郎。

公元823年（长庆三年）春，韩愈作名篇《早春呈水部张十八员外》。

公元824年（长庆四年），韩愈告病休假。年底，病逝于长安，终年五十七岁。

0~18岁　　19~28岁

董幕府　张幕府
29~32岁

56~57岁　　53~56岁　　33~52岁

韩愈这一生跌宕起伏，他丰富的人生阅历、独特的人格魅力向我们展示着：人生的价值不在于生命的长度，而在于生命的厚度。

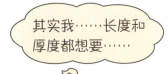

韩愈的父兄都是官员，他本应从小过着无忧无虑的生活，但是好景不长，他的父兄都早早离世。这时又处于中原动乱时期，他跟着嫂嫂郑氏一路颠沛流离、逃避战乱。单纯的少年一夜成长，在艰难的环境中，废寝忘食、勤学好问。虽然童年不幸，但他很是坚忍，很是聪慧，才气很高，也因此少年时意气风发，早期诗文中都体现出一种恃才傲物的心态。

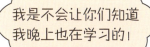

　　他的高傲一直持续到他进京参加进士考试，他本以为自己可以很快就振兴韩氏一族，实现自己的远大抱负，但社会现实却连续给他打击。三次进士考试失利，后来吏部考试也接连落选，他心中的苦闷无法言喻。他没有其他人力物力的支持，花了十多年，才终于靠自己获得了为官从政的机会。

第一次考试　　　　第二次考试　　　　第三次考试

　　韩愈终于靠自己的实力正式步入官场，但他的耿直不屈、直言敢谏，注定了他虽然可以成为一个好官，但他的仕途却不能一帆风顺。经历了多次的升官与贬谪，怀才不遇的愤懑一直伴随着他，不过他也没有因此而消沉，一直不忘初心。不管官职大小，他都尽职尽责、为国为民。

五十七岁这年，他因病去世，可以说是为国为民操劳了一生。也许就是因为他早年过于劳累，才早早地拖垮了自己的身子，永远离开了人世。

韩愈的这一生啊，总是跟"衰"和"倒霉"沾上边。刚遇到喜事，悲伤的消息却总是接踵而来。悲欢离合本是人间常态，但他这一生的悲欢离合真的是太紧凑了。看完他的一生，谁能不对他产生怜惜和敬佩呢？

不过韩愈也的确值得我们佩服，在这种艰难人生境遇中，他达到了很多人无法达到的成就，在教育、政治、文化等方面都有着不菲的成绩，对后世影响巨大。

他曾多次担任国子监博士，在教育方面有着不小的贡献。他力改耻为人师之风，广招后学，亲授学业，论说师道，激励后进，提携人才，创作了《师说》《进学解》和《杂说四·马说》等教育类文章，对当时和后世都有着很大的启发。

韩愈的政绩也是不小的，一直忠君爱民、尽忠职守，曾随军平定淮西，也曾孤身宣抚镇州，他还为潮州除去鳄鱼之患，在袁州废除当地陋习、重视教育事业……他从来不会将个人情绪带入工作，不管在哪，他都尽力为国家和百姓做出贡献。

韩愈最主要的成就还是在文学方面，他的作品非常丰富，现存诗文700余篇，其中散文近400篇。

他倡导古文运动，强调"文以载道"，主张继承先秦两汉散文传统，反对专讲声律对仗而忽视内容的骈体文。他的文章内容丰富，气势雄伟，说理透彻，用语精练，别出心裁，也因此被尊为"唐宋八大家"之首。他的杂文，自由随意，或长或短，文随事异，如《进学解》《杂说》等；他的序文，言简意赅，独具特色，反映对现实社会的各种感慨，如《送李愿归盘古序》《送孟东野序》等；他的传记、碑文，尽显叙事状物之才，如《毛颖传》《柳子厚墓志铭》等；他的议论、抒情散文，尽展自身才能，如《张中丞传后叙》《祭十二郎文》等。他的文章传诵不绝，成为历代典范，实在不足为奇。

文坛巨星！

　　韩愈在诗歌方面的成就虽不如散文，在中唐也同样占有重要地位。韩诗力求新奇，重气势，有独创之功。韩愈以文为诗，把新的古文语言、章法、技巧引入诗坛，增强了诗的表达功能，扩大了诗的领域，艺术特色以奇特雄伟、光怪陆离为主。韩愈多长篇古诗，其中不乏揭露现实矛盾、表现个人失意的佳作，如《归彭城》《县斋有怀》等，写得平实顺畅；他也有写得清新自然、令人回味无穷的写景诗，如《晚春二首》《早春呈水部张十八员外二首》；当然，他奇异诗风的古诗更不少，如《宿龙宫滩》《谴疟鬼》《八月十五夜赠张功曹》等。

韩愈的诗文风格，对当时甚至是后世，都产生了不可磨灭的影响，很多人都学习和崇拜他。在当时，如白居易、李翱、刘禹锡、赵德、司空图等人，对韩愈的诗文都是大加赞赏，李翱甚至认为韩愈是"**文章盟主**"，赵德夸他是"**圣人之徒**"，认为"**其文高出，与古之遗文不相上下**"。

两宋时期，夸赞韩愈的人也不少呢！如领导了北宋诗文革新运动的欧阳修，他继承和发展了韩愈的古文理论，评价韩愈说：**"退之笔力，无施不可，而尝以诗为文章末事……然其资谈笑、助谐谑、叙人情、状物态，一寓于诗，而曲尽其妙。"** 可以看出欧阳修认为韩愈笔力非凡，赞赏他的诗歌在表情状物方面有着极高的艺术效果。

前辈，厉害！

　　另一个宋代大文豪苏轼，对韩愈的评价更高，写了一大段话来夸他：**"独韩文公起布衣，谈笑而麾（huī）之，天下靡（mǐ）然从公，复归于正，盖三百年于此矣。文起八代之衰，而道济天下之溺，忠犯人主之怒，而勇夺三军之帅。此岂非参天地、关盛衰，**

浩然而独存者乎？ "意思是说只有韩文公从普通人里崛起，在谈笑风生中指挥古文运动，天下人纷纷倾倒追随他，使思想和文风又回到正路上来，到现在大概有三百年了。他的文章使八代以来的衰败文风得到振兴，他对儒道的宣扬，使天下人在沉溺中得到拯救，他的忠诚曾让帝王恼怒，他的勇气能折服三军的主帅。这难道不是顶天立地，关系到国家盛衰，浩然正气独自存在的人吗？也只有像苏轼这种大文豪才能写出文学水平如此之高的评论吧！

近现代敬佩、欣赏韩愈的人也不少，如曾国藩评价韩愈说："**韩公如神龙万变，无所不可。**"现代著名文学作家潘向黎也曾高度评价韩愈："韩愈是一个气场和存在感均极强的人物。作为文坛领袖，他'**手持文柄，高视寰海**''**三十余年，声名塞天**'（刘禹锡《祭韩吏部文》）；作为作家，他敢为风气之先，为文为诗气势磅礴；作为一个生命个体的'人'，他刚直敢任，人格伟岸，诚为伟丈夫。如此人中龙凤，却也是性情中人，不但极重感情，而且敏感于生活中的许多细微乐趣或烦恼，而且有幽默的一面。"

在中小学的语文教材里，我们常常见到韩愈的诗文，他给我们留下了无数的文化珍宝，但是我们真的了解他、懂得他吗？希望通过这本书，能让你看到一个活

灵活现的韩愈，让你对韩愈有更加深刻的认识；也希望韩愈的故事，能给你的人生带来一些启发。那么，你心中的韩愈，现在是什么样子呢？

想必你已经认识到我的英俊潇洒、玉树临风、才高八斗、学富五车……了吧！